雑学×雑談

勝負クイズII 100

Takuya Kawamura & Kawori Shinohara Presents

河村拓哉
篠原かをり

文藝春秋

はじめに

本書は、クイズをきっかけに親しくなり昨年結婚した河村拓哉と篠原かをりが、グルメやニュース、言語や生き物といった身近な10のテーマに沿った、話のタネになりそうなクイズをそれぞれ考えて持ち寄り、お菓子を食べつつ、気ままに話しながら、出題と解答を繰り返した様子を切り取って記した本です。仲の良い人との楽しい会話のお供に、まだあまり知らない人との会話のきっかけ作りに、ここから雑談が生まれるような本を目指して作りました。

テレビ番組やYouTubeで見るような競うクイズとは趣が異なり、勝敗にこだわらず、コミュニケーションとして一緒に楽しむことを目的としたクイズとなっています。

そのため、問題やテーマも含め、大変ゆるゆるな仕様になっています。例えば、ふたりとも得意な生き物は比較的難易度が高く、ふたりとも苦手なスポーツは、お好きな方からすれば、どうしたんだろう……という難易度になっていると思われます。１００問全体でバランスを取るべきという考えもありましたが、雑談の雰囲気をそのまま伝えるために、一問一問を一回一回のコミュニケーションとして行ったため、さまざまなクイズがさまざまな形で出ることになりました。

小出しにされるヒントを頼りに答えに向かっていく様子やクイズを出し合う中で横道に逸れながら広がっていく雑談の過程も収録しているので、そんなゆるい空気も含めて楽しんでいただけたらうれしいです。

普段から新しく知った面白い物事を共有するために好き勝手にクイズを出し合ったり、話題の物を一緒に見て感想を言い合ったりしているので、本の制作期間はいつもの癖でうっかり口を滑らせてネタをバラしてしまわないように注意深く生活していました。日頃こんなにクイズに気を遣っていたんだという発見もふたりそれぞれありました。

是非、家族や友人との歓談の場で楽しんでください。同じ問題文を見ても、きっと集まる人によって全く違う雑談が広がっていくと思います。なので、一度のみならず、たくさんの人たちと読んでいただけたら幸いです。また、この本のように自分で問題を作ってコミュニケーションを試みることも、やってみたら案外楽しいと思います。

結婚式もまだしていないので、本書の出版が正真正銘の初めての共同作業となります。ケーキ入刀ではなく、一問一答の共同作業となりました。皆様方が一生話のネタに困らない人生を送るという願いを込めまして、私たちふたりのご挨拶に代えさせていただきます。

それではお楽しみください。

2023年5月10日

河村拓哉
篠原かをり

もくじ

正解～！

ブックデザイン　野中深雪
写真　三宅史郎

篠原かをり出題

Q1

北アメリカに生息する
プアーウィルヨタカは鳥類で唯一、
季節に関係する
「あること」ができます。
それは何でしょう?

「季節に関係すること」と、
「鳥類には身体構造上、
普通は難しいとされていること」
というのが大きなヒントだよ。

A

冬眠

拓哉　海水浴をする鳥っていうのは、いそうだよね。

かをり　人間はしないことだよ。でも、できたらいいよねってことで、研究が進んでる。

拓哉　なるほど。冬眠？

かをり　正解〜！　そもそも鳥って、一度にたくさん食べて脂肪を溜め込むと飛べなくなってしまうから、ちょこちょこ分けて食べるんだよね。だから鳥類は冬眠がしづらいんだけど……。

拓哉　プアーウィルヨタカはできるんだ。

かをり　そう、唯一。コウモリは冬眠するから「飛ぶ生き物は冬眠に向いていない」と言い切るのは難しいんだけどね。普通、鳥って寒くなったら暖かいところに飛んでいくでしょ。

拓哉　渡り鳥はそうだよね。

かをり　なぜプアーウィルヨタカが渡り鳥にならずに冬眠を選んだかはわからないけど、冬眠ができるってことは生き物としてすごいことで、とくにクマの冬眠は面白いんだよ。クマって冬眠前めっちゃ食べるのに、糖尿病にならないし、寝てる間はずっと動かないのに筋肉量が減らないんだって。今、その糖尿にならないメカニズムと、寝たきりでも筋肉量を維持できる仕組みを人間に応用できないかって研究がされていて。

拓哉　へえ〜。

かをり　冬眠には、両生類や爬虫類みたいに体温を下げてじっとするタイプや、ヤマネのように仮死状態になるタイプ、リスみたいにたまに起きて食事や排泄をするタイプ……と、いろいろあって。クマの場合は深く寝るけど、近くで騒いだらすぐ起きる。しかも、冬眠の間は食事も排泄もしないけど、出産はするんだよね……って、鳥からだいぶ話がずれちゃった（笑）。

河村拓哉出題

Q 2

しっぽの先が折れたり曲がったりしている「かぎしっぽ」の猫が、日本一多い都道府県はどこでしょう?

「かぎしっぽの猫は幸運を呼ぶ」などの言い伝えがあるよ。

A 長崎県

かをり　丸くて短いしっぽは「ジャパニーズ・ボブテイル」と呼ばれていて、日本原産の猫として海外で人気が高いんだよね。だから世界的に見ると、しっぽの丸い猫が日本には多いんじゃないかなって気がする。

拓哉　そうだよね。

かをり　しっぽの形は、品種改良のバリエーションとして変化が出てくる部分だもんね。

拓哉　「日本にはしっぽが丸い猫が多い」というのは、いいヒントだよ。

かをり　単なるデータだけでクイズ作らないもんね。猫が多い地域って「養蚕が盛ん」とか、何か猫が増える要因になる特徴があるでしょ。

拓哉　ネズミを捕まえてくれるからね。

かをり　そうそう。猫はネズミの天敵だから、猫を祀(まつ)っている養蚕の神社って多いんだよね。今は養蚕が廃れてきて愛猫家の神社としてお参りされているんだけど。「ジャパニーズ・ボブテイル」は、輸出品目ってジャンルだから、最初は港町かなって考えたんだけど。かぎしっぽの猫が固有でずっとその土地に止まっているなら……うーん、京都？

拓哉　残念。長崎です。

かをり　ああっ！　輸入品目ってこと!?

拓哉　江戸時代は長崎しか外国に開いていなかったから。原産はインドネシアと言われているかぎしっぽの猫が、船のネズミ捕りとして入ってきて、長崎から広がったらしい。

かをり　外国から連れて来られたんだろうなっていう気はしたんだけど、献上されたのかなと思って。だから江戸か京都かと思ったんだよ。長崎だったのか～。くやしいけど、面白いね。

篠原かをり出題

Q 3

エビを漢字表記したとき、〝海〟に〝老いる〟で「海老」と表記するものと虫へんの「蝦」と表記するものの生態的な違いは何でしょう?

「海老」のほうの漢字を使うのは、伊勢海老が代表的。

A

主に歩行で移動するもの（＝海老）と泳いで移動するもの（＝蝦）の違い

かをり　この問題が難しいのは、一応使い分けはされているんだけど、正直混ざってしまっている。「海老」に統一されていることが多いかな。

拓哉　おせちの海老は「老いる」って字が入っているから「腰が曲がるまで長生きできますように」っていう祈りを込めて食べるわけでしょ。だから「曲がっているかどうか」が答えになりうるから、それは一旦置いといて、ほかの可能性を調べにいくよ。

かをり　「蝦」のほうが曲がる瞬間もあるからね。

拓哉　海底で歩いているか、泳いでいるか。

かをり　正解！　伊勢海老とか比較的大きなものが「海」に「老いる」のほうの漢字なんだよね。めでたさはデカさに比例するじゃん。だからおめでたいときに出されるのは、歩くほうの「海老」が多い。

拓哉　へえ～。おめでたい料理といえば、大相撲で優勝したときの大きな鯛の仕入れがめっちゃむずいって聞いたことある？

かをり　ある！　どこからか大きな鯛を見つけてくるのがタニマチの腕の見せ所だって（笑）。

拓哉　おいしくないんじゃないか？　ってくらい大きな鯛を仕入れなくちゃいけないという（笑）。

かをり　仕事で水族館に行ったときに聞いた話なんだけど、銀座の料亭から「仕入れた伊勢海老が卵を持っていて、料理として提供できないから水族館で引き取ってくれないか」と言われて引き取ったんだって。そのあと別の店からも同じことを言われて、今その水族館にいる3匹中の2匹が料亭出身なんだって。

拓哉　食べられなくてよかったね。

かをり　でも逆に水族館出身の伊勢海老が料亭で出されたら、ふんわり嫌だよね（笑）。

河村拓哉出題

Q 4

春に見かけるかも。
くちばしでつつくのではなく、
桜の花を丸ごとちぎり、
そのまま咥（くわ）えて蜜を吸う
小鳥は何でしょう？

誰でも見たことがある、
よくいる野鳥だよ。

かをり　メジロが花を食べちゃったっていう話はおばあちゃんから聞いたことがあるんだけど。

拓哉　もしかしたらメジロも……（スマホで調べる）。メジロは正面から花の蜜を舐めとることができるみたい。この問題は、花をちぎって根元から蜜を吸う鳥。

かをり　じゃあ器用な鳥だ。

拓哉　野鳥トップ5に入る。

かをり　スズメ、ハト、カラスがトップ3で、あとはたぶんムクドリが入って、あと一枠は何だろう？

拓哉　今言った中に入ってる。

かをり　ハト？

A　スズメ

拓哉　問題に「小鳥」と書いてあるよ。

かをり　スズメか……。スズメって食べたことある？

拓哉　ない。

かをり　私はジビエ屋さんのお通しで何回か食べた。スズメは頭蓋骨ごとバリバリいけるから、丸ごと焼いた状態で出ることが多いんだよね。小鳥の丸焼きというビジュアルを受け入れられるかを試すのにスズメは丁度いいみたい。「さ～て、お手並み拝見」みたいな感じで出てくる（笑）。

拓哉　どんな味？

かをり　ニワトリの味が凝縮された感じ。おつまみっぽいというか、手羽先の先っぽみたいな味。

拓哉　へえ～。

かをり　昔、夜間救急の動物病院に勤めていたときにゴキブリホイホイに入っちゃった野生のスズメのヒナを持ってきた人がいてね。ヒナの体にサラダ油をつけて小麦粉をまぶしてベタベタを取って救ったんだよ。

拓哉　そのままコロッケみたいに揚げて食べちゃったって話じゃなくてよかったよ……。

篠原かをり出題

Q 5

中南米に棲むヤドクガエルは
ある変わったものを餌として
オタマジャクシに与え、
カエルになるまで子育てをします。
何を与えるでしょう？

大人のヤドクガエルは、
毒のある小さい虫を食べることで
自分に毒を蓄えていくんだけど、
答えは「虫」ではないよ。

A

未受精卵

かをり　その餌を与えることに意味があるし、「わー、めっちゃコスパいいね」って思うものだよ。

拓哉　ウンチ？

かをり　違う。コアラとか、親のウンチを食べる生き物って結構いるじゃん。今更クイズにしないよ。

拓哉　すみませんでした！

かをり　正解は、未受精卵。未受精卵を与えることで、親の持つ能力値を継承させて、将来的に毒のある虫が食べられるように備えているんだって。

拓哉　たしかにコスパがいいね。

かをり　ヤドクガエルは水たまりとかにいるんだけど、水が干上がってくると、背中の上に子どもをのせて、新しい水たまりを探して移動するの。面倒見がいい。

拓哉　カエルって産みっぱなしの親もいるのにね。

かをり　毒がある生き物って、小さい頃に図鑑を見てるときはホットコンテンツだったじゃん。だから中南米に行ってヤドクガエルを見たとき、最初はテンションが上がったんだけど、こっちのダンゴムシくらいの感覚でいっぱいいるから、途中で飽きたんだよね。遠くでヤドクガエルのことを思っていたときのほうが好きだった。私が行ったコスタリカは「カエルの楽園」と言われていて、日本ではあまり見ない赤と青の二色のヤドクガエルが一番多くいるの。

拓哉　あれが一番いるの？　「当たり」なのに？

かをり　コスタリカではレア感ない。日本じゃ赤と青のやつは、背中の赤色にちなんで「イチゴヤドクガエル」と呼ばれているんだけど、英語圏では「ブルージーンズ」と呼ばれていて、青いズボンを穿いているように見えることのほうが注目されているんだよね。ジーンズの文化圏だからかかな？

河村拓哉出題

Q 6

雑草のネコジャラシと
ハーブのキャットニップ。
いずれも猫にちなんだ名前が
付いた植物です。このふたつの植物、
名前にもうひとつ共通点があります。
それは何でしょう？

キャットニップは、
マタタビと似たような
作用がある
シソ科のハーブだよ。

A

標準和名が犬にちなんでいる（エノコログサとイヌハッカ）

かをり　ネコとキャットって、日本語と英語が混じっている時点でいい問題なんだろうな～って感じがする。

拓哉　とくに英語は関係ない。

かをり　ニップの意味がわからなくてもいいんだ。じゃあ、ジャラシとニップの語源が一緒。

拓哉　残念！　正解は、標準和名が犬にちなんでいる。エノコログサとイヌハッカ。エノコロは「犬っころ」という意味ね。

かをり　そうか～。「たぬき寝入り」を英語圏では「フォックス・スリープ」というのと近い感じがする。エノコログサの先をちぎってニギニギすると、茎がついていたほうに向かって生きてるように動くという遊びがあるよ。イモムシっぽい。

拓哉　うわ、じゃあいいや。やらない。

かをり　イモムシ嫌いだよね。インパチェンスという花の種の房を触ると種が弾け飛んで、残った房が青虫そっくりになるというのを見せてあげたら、本当に嫌そうな顔してたもんね。イヌ系の植物の名前だと、オオイヌノフグリって名前を付けたのは、ひょうきんなおじさんだったと思う（笑）。

拓哉　またシモの話に持っていく～。

かをり　食べちゃいけない野草は結構覚えた。絶対だめなものを知っておくことで、死を回避しようと思って。赤い実は危険。南天の赤い実も、鳥は食べても大丈夫だけど、人間にとっては毒だし。逆にアボカドは、人間だけが唯一食べられて、動物が食べると危険だから、ペットと暮らしている人は注意が必要。そしてアボカドも、おふざけおじさんのネーミングだよね。

拓哉　あ～あ、言わないようにしてたのに。

かをり　古代ナワトル語で睾丸という意味です（笑）。

篠原かをり出題

Q 7

魚の中ではフグやマンボウだけ、
人間と同じような、
ある表情ができます。
どんな表情でしょう？

とってもかわいい表情だよ。
「魚ができないこと」を
考えるとわかるかも？

A 目をつぶる

拓哉 生き物の表情クイズで「笑う」以外が答えになることあるか？

かをり クイズ的思考で考えるとわかると思うよ。

拓哉 「魚が……」で始まるクイズの答えは、大抵「木魚」だからな～。

かをり あ、木魚から答えが導けそう。

拓哉 眠そうな表情……？ あくび？

かをり 正解は目をつぶる。魚は瞼がないから、基本、目をつぶれない。魚が寝ないと考えられたのも、瞼がないからずっと起きていると考えられていて、それで修行僧への戒めとして「寝る間を惜しんで修行しろ」ということで、木魚ができたわけでしょ。でもフグやマンボウは、目の周りの筋肉に力を入れることで、目をつぶることができるんだよ。

拓哉 へえ～。筋肉でいけるんだ。

かをり 眼球を押し下げて、周りの筋肉でフタをするんだよね。瞬膜(しゅんまく)があって瞼っぽく見える魚は、サメの一部とかほかにもいるんだけど、目をつぶることができるのは、フグとマンボウだけなんだよね。

拓哉 そういえば、初期の木魚はマジで魚なんだよね。

かをり (画像を見て) 本当だ。たい焼きみたい。たい焼きって海外に持っていくとウケるから、留学するときの手土産におすすめなんだって。

拓哉 へえ。

かをり たい焼きは麻布十番の「浪花家」が一番好き。『およげ！たいやきくん』のモデルになった店なんだけど、皮のカリカリ具合が最高。ここは焼きそばもおいしいから、お店で焼きそばを食べて満腹になっちゃって、たい焼きは「お持ち帰り」になりがち。

拓哉 だからよくお土産でたい焼きをくれてたんだ！

河村拓哉出題

Q 8

羽化したてのナミテントウの羽は何色でしょう?

ナミテントウの羽の模様は、
斑点の大きさや数、地の色
(黒、赤、黄など)の割合も様々で、
200種類以上のパターンが
あると言われているよ。

A

黄色

かをり　標準的なナミテントウは、黒地にオレンジの点が2個ってやつだよね。

拓哉　本当にいろんな模様があるけど、図鑑に載せるならそれかも。昔、東大クイズ研究会で、プレーンなナミテントウの写真見せて「この昆虫は何でしょう?」ってクイズ出したら、正解率がめちゃくちゃ低かったんだよ。ナミテントウって知名度低くない?

かをり　わかる。ナナホシテントウがスターすぎるからかもね。答えは、ミニトマトが熟す前みたいな、黄色とオレンジの中間みたいな色だと思う。

拓哉　おっ、正解。

かをり　見たことがあったんだけど、ナミテントウだったかナナホシテントウだったかを考えていた。

拓哉　(スマホで調べて) 羽化したてのナナホシテントウも同じような黄色みたいね。

かをり　羽化したてのクワガタの羽も黄色っぽいしね。

拓哉　黄色が黒になるっていうのが面白いと思って作ったクイズなんだけど、今更何を訊いてるの? っていうクイズになってしまった……。

かをり　そんなことないよ。私、いろんな虫を食べたことがあるけど、テントウムシは食べたことない。赤い粒を口に入れることに抵抗があるから、クコの実も食べたくない。

拓哉　黄色いテントウムシは?

かをり　いけるかも。クコの実より断然いけそう(笑)。

拓哉　ナナフシは食べたことある?

かをり　ないけど、食べてみたい。イタリアンの前菜に出てくる細くてカリカリのパンみたいな感じかな。

拓哉　ひとりで食べてね。

かをり　え、食べたくないの!?

篠原かをり出題

Q 9

汗腺の少ない犬や猫が、
唯一汗をかく
身体のパーツはどこでしょう?

汗をあまりかかない犬は、
口を開けてハアハアと
呼吸することで
体温調節をしているんだよね。

A

肉球

かをり　犬、苦手なんでしょ？

拓哉　見てる分にはかわいいと思うんだけど、テンションの高いリアルな犬が若干苦手で……。

かをり　前に犬が苦手な理由を聞いたときに「人格があるわりに理性がなくて、生命力が爆発したみたいな動きをするから」って言われて。あ～、苦手と言いつつ犬のことを結構わかっているなと思って（笑）。うちの実家の犬はその最たるものだから、会ったときベロベロに舐められてたよね。

拓哉　うん。

かをり　最近、ミニブタカフェに行って、「ブタと犬だったらどっちがいい？」って聞いたら、「ブタって湿ってる？　犬って湿ってるじゃん」って返されて。うちの犬に会ったとき湿ってたのは、母が張り切って犬を洗ったから、まだ生乾きだっただけで（笑）。実は犬ってあまり湿っていないんですよっていうのがこの問題。汗で湿ってるとしたら、どこだと思う？

拓哉　ぱっと思ったのは肉球。それ以外にあるか？

かをり　正解です（笑）。

拓哉　特筆すべき部分がほかにないじゃん。

かをり　鼻は特筆性ない？　鼻は犬の中でも「湿ってるほうがいい」とされているパーツだから「あの湿りが汗かと思った」ってパターンもあるかなって（笑）。

拓哉　肉球に汗をかくのはグリップ力のため？　人間が手に汗をかくのって、握るためじゃないのかな？　諸説あるゾーンではあるけれど。

かをり　水に入ると指がふやけるのは、あの状態になったほうが水中では物が掴みやすい……みたいな研究はある。でも犬は、握る動作はできないからなあ。ボールとかは、基本的に口を使って運ぶもんね。

河村拓哉出題

Q 10

次の文章の間違いはどこでしょう？

〝白亜紀に棲息した恐竜プテラノドンは、広げると8メートルにもなる巨大な羽を持ち、空を飛んでいた。くちばしには歯を持たず、滑空していたと考えられる。〟

文中の「巨大な羽を持ち」
というのがヒントだよ。

A 翼竜なので恐竜ではない

かをり （問題を読んでいる途中で）恐竜ではなくて翼竜。

拓哉 はい、正解。

かをり まとめて全部「恐竜」だと思っている人が多いよね……っていう問題だね。

拓哉 知ってるだろうな～とは思ったけどさ。

かをり 古生物の論文って常に書き換わっているじゃん。最近、「トリケラトプスはいなかった説」をチラ見して。

拓哉 へえ。

かをり トリケラトプスは、別の恐竜の成体であった、みたいな。でもそれを決めるには、子どもとされる恐竜の化石が十分に見つかっていないから、まだどう転ぶかわからないんだけど。トロサウルスはトリケラトプスのオスなんじゃないかという説もあって、近頃トリケラトプスがホットな話題になっていたよ。

拓哉 古生物の本をちゃんと読むと、すごい分類学なんだよね。それで思いついた問題だったんだけど。

かをり その分類学も難しいよね。結局は骨しかない状態で調べているからさ。遺伝解析とかで現存する生き物の定説も変わってきたじゃん。恐竜って知れば楽しいんだけど、あまりにも説が変わりすぎて「このコンテンツ、追っていけないな」っていう感じがして、ふんわりしか知らないんだよね。

拓哉 一番ふんわりしたところからクイズを持ってきてしまった……。

かをり そうだね。恐竜と翼竜は違うっていうのは知っているけど、腑に落ちているわけではなくて、表層的に「へ～、違うんだ」っていう記憶だけを持っていたって感じかな。

篠原かをり出題

Q 11

カルチャークイズ

かつて、ドレスや壁紙を
鮮やかな緑に染めるために
用いられたシェーレグリーン、
パリスグリーンという染料は
どんな特徴をもつでしょう？

シェーレグリーンは18世紀後期に
スウェーデンの化学者
カール・ヴィルヘルム・シェーレ
によって作られた顔料だよ。

A

ヒ素中毒になる、死ぬ

拓哉　放射性物質？　毒ではあるんだよな。ヒ素からラジウムなんだよ。うわ～、どっちかな。最悪の2択。でも放射性物質のラジウムだったら、時計の夜光塗料の話になるはず。1960代頃まで使われていて、時計を腕につける分には問題なかったんだけど、時計工場の従業員の具合が悪くなって使用が中止になったっていう話があったもんね。

かをり　答えもふたつ用意していて、ひとつは「死ぬ」だから、もう正解でいいんだけど、そこまでいったらヒ素かラジウムかどっちか決めて。

拓哉　どっちかな～。ラジウムは、もうちょっとあとにアメリカで使い始めたものっていうイメージがあるから、ヒ素！

かをり　正解！　これらのグリーンはナポレオンが好んでいた染料なんだよね。今でも表紙にこの染料を使った本が残っていて「読むと死ぬ本」と呼ばれているらしい。内容が怖くて死ぬんじゃなくて、単純にヒ素で死ぬという。ナポレオンの死後、髪の毛を分析した結果、「ヒ素による毒殺なんじゃないか」という説と「ヒ素の入った染料を壁紙に使っていたからじゃないか」という説があったんだって。

拓哉　和歌山の毒物カレー事件もヒ素だったよね。

かをり　そうだったね。昔、油絵を習っていたときに、子どもにはあまり教えないコンテンツを教える先生がいて、「この絵の具は食べても死なないけど、この絵の具は食べたら死ぬよ」とか教えてくれるの。高い絵の具の廉価版として売っていた、名前に「ヒュー(Hue)」がつく絵の具があって、「これはヒューだから ヒ素じゃないよ」という話をしていて。このとき「絵の具って食べたら死ぬんだ」って思ったんだよね。

カルチャークイズ

河村拓哉出題

Q 12

人気俳優・阿部寛さん。1987年のデビュー後、しばらくお仕事のない時期があったそうです。そんな中、ある番組で取り上げられたことで奮起。その番組とは？

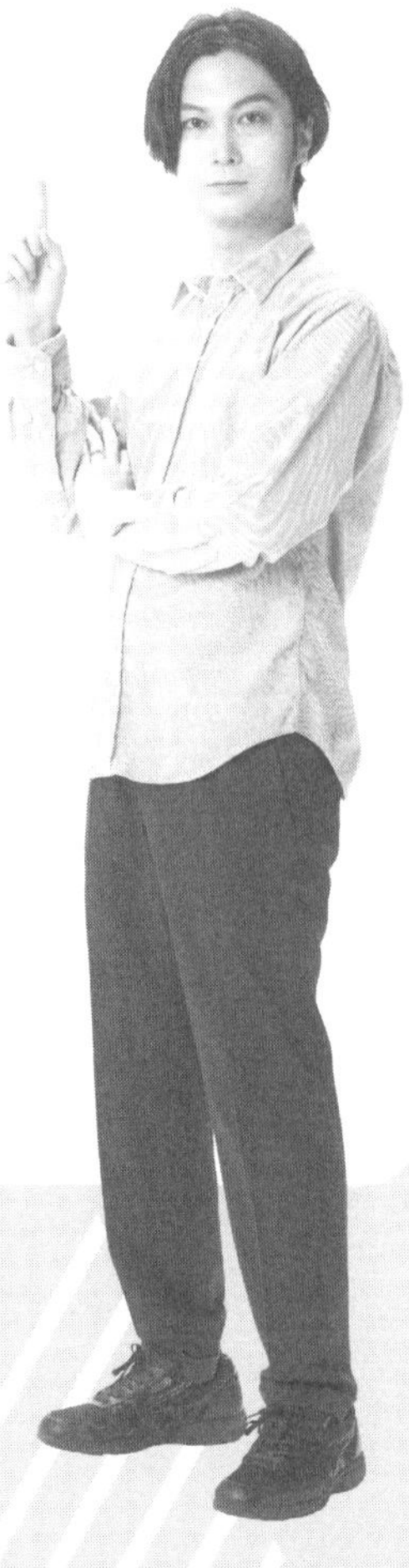

今はやっていなくて、
過去に特番として
放送されていた番組です。

A

『あの人は今!?』

かをり　『あの人は今!?』。

拓哉　正解！　すごい！

かをり　これはね、私は阿部寛さんが好きだからわかったの。室伏広治さん、リーチ マイケルさんとか濃い顔が好みだから。シンプルに好き。

拓哉　そうだったのか……。好きな阿部作品は？

かをり　『バブルへＧＯ!!』。広末涼子さんと出てた映画。顔の濃さとバブル期の景気いい感じが合っていて。『バブルへＧＯ!!』に出てくるタイムマシンは、ドラム式洗濯機なんだよ。

拓哉　映画は見てないけど、それはなぜか知ってる。

かをり　「『バック・トゥ・ザ・フューチャー』のタイムマシンは車のデロリアンでしたが、『バブルへＧＯ!!』では何？」っていうクイズがあったんじゃない？

拓哉　いや、映像で見た記憶がある。

かをり　ＣＭで見たのかな？

拓哉　阿部寛さんは『ドラゴン桜』のイメージだな。昔の1作目のドラマは全部見た。

かをり　東大受験する前に見たの？

拓哉　当然入る前だよ。16年ぶりにドラマ化した続編のほうはあまり追えていないんだけど。

かをり　実際にどうなの？　『ドラゴン桜』の通りにしてたら東大に受かると思う？

拓哉　どうなんだろう？　「小学校の算数からやり直す」とか、基本的なところから始めるスポコンものだから。「洋楽の聞き取り」は一生できんと思ったけど。

かをり　『ドラゴン桜』の勉強法、信じていい？

拓哉　そうね。あのドラマ、試験前の2カ月は頑張るだけだから描写がなくて話がスッと飛んだんだよね。「頑張るしかない」ってところがリアルだったな。

篠原かをり出題

Q 13

カルチャークイズ

別名を「エジプシャン・ブラウン」という絵の具は何を原料に作られているでしょう？

エジプトといえばコレ！
っていうものの名前を出せば
当たるかも。

A　ミイラ

かをり　もっと直球の名前でも呼ばれている絵の具で、現在も同じ名前の絵の具はあるけど、この原料は使われていない。私が出しそうな問題というのがヒント。

拓哉　動物のウンチ？

かをり　え〜、違うよ（笑）。

拓哉　だってスカラベ（フンコロガシ）好きでしょ。古代エジプト人が神聖化していた甲虫だし。

かをり　たしかに。私が出した問題で、今まで2回「ウンチ」って答えてるけど、私ってそんなイメージ!?

拓哉　いや1問は出すかなと。さっきの（Q5）がウンチじゃなかったから、こっちがウンチかなって（笑）。

かをり　正解はミイラ。絵の具の別名は「マミーブラウン」で、16〜17世紀に松ヤニや没薬（もつやく）（植物性ゴム樹脂）と擦り潰された人や猫のミイラを原料として作られたんだって。原料がミイラだと知って、作品を描いている途中からこの絵の具を使うことをやめた画家もいたみたい。倫理的な理由でね。

拓哉　エジプトには取材で行ってたよね。

かをり　うん。サッカラという古い遺跡を歩いていたら、そこにいた圧の強い考古学者のおじいちゃんが「ミイラの布だよ。持って帰っていいよ」って私の手の上にのせてきて。「持って帰りたくないし」って思った。

拓哉　エジプトって基本的に持ち出しはNGだよね。

かをり　エジプトではスカラベのミイラを見に行った。棺のようなものの中に、スカラベを何匹も入れて、その上から包帯を巻いて作ったミイラだったんだけど、湿気ってバラバラになっていた。スカラベのミイラを作ろうとした心意気は良し！　と思ったけどね。ちなみにスカラベは、人間の男性がアフリカ象2頭を転がせるぐらいの力持ちだと言われているんだよ。

河村拓哉出題

Q 14

カルチャークイズ

鷺巣詩郎(さぎすしろう)が作曲した人気楽曲『EM20』。数多くのアレンジバージョンがあり、2021年にはこれらだけを集めたアルバムも発売されました。さてこの曲、タイトルには馴染みがありませんが、きっと聞いたことがあるはず。どんな曲でしょう?

鷺巣詩郎の曲は数多くの映画、
テレビ、CMなどに使われていて、
『シン・ゴジラ』や
『シン・ウルトラマン』でも
聞くことができます。

A

『新世紀エヴァンゲリオン』の「デンデンデンデンドンドン」

かをり 日本人が作った、20が関係ある曲ってことだよね……。

拓哉 20は関係ない。20番目ってことだと思う。

かをり そうか、その手の曲は、誕生日とか結婚式とかイベント関係の曲だと思うんだけど……？

拓哉 うーん。イベントっちゃあイベントかなぁ。

かをり 歌詞はある？

拓哉 言葉はのってない。曲だけ。聞いたら、「その曲たしかにあるな」って思うし、「タイトルを考えたことないな」って思うはず。

かをり じゃあ手品のときにかかるアノ曲ではないな。『オリーブの首飾り』ってタイトル知ってるし。

拓哉 タイトルを知らない、作曲者も知らないけど、「聞いたことあるな」って中の上位楽曲に入ってると思う。楽器はティンパニーが入ってる。

かをり 運動会でも使われそう？

拓哉 そうだね。

かをり ドしんみりではないよね。打楽器入ってくるってことは。じゃあ、応援歌？

拓哉 応援歌ではないと思う。

かをり え～、何？

拓哉 「デンデンデンデン ドンドン」。エヴァンゲリオン・ミュージックの20番で『EM20』。

かをり なるほど～。たしかに聞いたことあるわ。

拓哉 『エヴァ』では「ヤシマ作戦」とかの戦闘シーンでよくかかる曲だから、イベントと言えなくもないかな～と。

かをり 一部のファンの間では「応援歌」って呼ばれてる可能性、ない？

拓哉 ないんじゃない（笑）。

かをり ないか～。

篠原かをり出題

Q 15

カルチャークイズ

2018年にアメリカ合衆国ミズーリ州で密猟犯に下された刑罰は、禁錮1年とその間、1カ月に一度以上ある名作アニメ映画を鑑賞することでした。その映画は何でしょう?

密猟犯に見せたい
アニメっていうのが
大きなヒントだよ。

A

『バンビ』

かをり　この密猟犯は、海の漁ではなく、陸の猟のほう。だから『ファインディング・ニモ』ではないよ。

拓哉　『ファインディング・ニモ』は密漁の話だっけ？

かをり　ニモが人間に連れて行かれちゃって……ってとこから始まるから。そして皮肉なことに、クラウンアネモネフィッシュの人気に火がついて、より密漁がヒートアップしたという。でも今回のクイズは陸の話。海外のアニメ映画だよ。

拓哉　海外アニメ、めちゃくちゃ苦手なんだよな。

かをり　うん。でも知らない映画ではない。古い名作。もうバラすけど、ディズニー作品。

拓哉　『ライオン・キング』じゃないよね。じゃあ『101匹わんちゃん』？

かをり　正解は、『バンビ』です。

拓哉　あ～。聞いたことあった、そのニュース。

かをり　『バンビ』は、親が密猟にあう悲しいシーンが涙をそそる映画なんだけど、今はグッズ化されたキャラのかわいさが目立ってしまって、原作映画の内容を知ってる人は少ないかも。

拓哉　『ピーターラビット』は普通の猟だよね。

かをり　ピーターラビットは畑の害獣だから。ピーターラビットがコンセプトのカフェで、ピーターラビットのお父さんがモチーフのパイというメニューがあって、攻めてるなって思った（笑）。

拓哉　密猟関連クイズ、出していい？　オープニングに『密猟のあった日』という曲が使われている有名なテレビ番組は何でしょう？

かをり　え～、何？

拓哉　『ぶらり途中下車の旅』。どうしてその曲が使われているかは知らないよ。

カルチャークイズ

河村拓哉出題

Q 16

ある曲の歌詞の一部です。
曲のタイトルは何でしょう?
〝ヘルメット5回ぶつければ
それは　ア・イ・シ・テ・ル
の言葉のかわり〟

どこかで聞いたことがある
歌詞だけど、
知ってる歌詞とは微妙に
違う……?

A

DREAMS COME TRUE『未来予想図』

拓哉　ヒントを言うと、たぶん聞いたことがない曲だと思います。

かをり　聞いたことがない？

拓哉　でも、頑張れば答えが出るという問題を考えました。

かをり　聞いたことない曲のことは考えられないよ。

拓哉　答えられてもおかしくないクイズなんだって。

かをり　えー、全然わからない。どんどんヒントを刻んでいってよ。

拓哉　歌手自体は有名です。ソロではなくて、バンドです。

かをり　ゴールデンボンバーがやりそう。名曲パロディーみたいな感じで。

拓哉　あ、パロディーって思ったってことは、これに似た歌詞の曲は思いついてるってことだよね。その考え方で合ってる。ゴールデンボンバーではないけど。

かをり　でもあまりにも芸能に明るくなさすぎて……。似た歌詞の曲はドリカムが歌ってたっけ？

拓哉　そうそう。

かをり　そのタイトルって何だっけ？

拓哉　それを言ったらわかるから、答えを言うぞ。正解は、DREAMS COME TRUE『未来予想図』。

かをり　……あ、なるほど！『未来予想図II』が有名で……。あの曲はパートIIだけが存在するわけじゃなかったんだね。

拓哉　発売はIIのほうが先なんだけど、歌詞の時系列的には『未来予想図』が先で、入り組んでる。

かをり　『スター・ウォーズ』みたいな感じか。

拓哉　2曲しかないのに『スター・ウォーズ』にはならんでしょ（笑）。

『未来予想図』作詞・作曲：吉田美和

篠原かをり出題

Q 17

カルチャークイズ

1984年に公開された名作映画『グレムリン』と同じセットを使用して撮影された、1985年公開の名作映画は何でしょう？

この時代の超有名な
名作映画のタイトルを
パッとあげると当たるかも？

A

『バック・トゥ・ザ・フューチャー』

拓哉　80年代の映画って、ピンとこないんだよな。

かをり　私たちが生まれるより10年くらい前に作られた作品だもんね。正解は、『バック・トゥ・ザ・フューチャー』。

拓哉　へえ～。

かをり　普通の小綺麗な街のセットなんだよね。『グレムリン』のほうが、街の中でグレムリンが暴れるシーンがあるから、街の様子がいっぱい見られるよ。

拓哉　大きな特徴がある街ではないよね。

かをり　そうだね。2作とも日常の中に異常なことが起きる映画だから。街自体に特徴がないからこそ、同じセットが使えたんだろうね。よく見ると、お店の看板とかが一致してるんだよ。

拓哉　へえ～。

かをり　子どもの頃に『金曜ロードショー』とかテレビでよくかかっていたから、私たちの年代でも見てる人が多い映画ではあると思う。私、『グレムリン』に出てくるギズモが好きでLINEのアイコンにしてるんだよね。かわいいギズモが、育てるときの決まりを破ると怖いグレムリンに変身しちゃうという。

拓哉　『グレムリン』はクリスマスシーズンになるとよくテレビで放送されている気がする。

かをり　されてる。あと『ホーム・アローン』もね。『ホーム・アローン』にはペットにしていたメキシカンレッドニーというタランチュラが逃げ出して、家に侵入してきた泥棒の顔の上を歩くシーンがあって。メキシカンレッドニーは、おとなしいし毒も強くないんだけど、泥棒役の俳優さんは実際に顔の上に這わせることがすごく嫌だったんだって。

拓哉　CGじゃなくてマジで這わせたんだ！

カルチャークイズ

河村拓哉出題

Q 18

登録者数1億人超えの
超人気ユーチューバー、PewDiePie。
しかし彼は今外を歩いていても、
あまり声をかけられることが
ないようです。なぜでしょう？

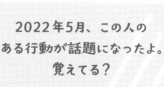

2022年5月、この人の
ある行動が話題になったよ。
覚えてる？

A 日本に移住したから

かをり ユーチューバーをやっていたのが子どもの頃だったから、もう顔が全然違うとか？

拓哉 ユーチューバーだよ？ 誕生して何年か考えて。

かをり そうか。人間の姿でやってる？

拓哉 うん。今の質問で、ブイチューバーの線は消えましたね。

かをり 何もわからない。刻んでヒント出して。

拓哉 PewDiePie は成人男性です。

かをり おもちゃで遊ぶ動画を出しているんだけど、手とかだけ映して、本人の顔が出てこないから。

拓哉 いや、顔出しもしてる。

かをり 顔出しもしてる!? それで声をかけられないってことないのかな？

拓哉 もちろん。

かをり 今も人気がある？

拓哉 ある。

かをり もうわかんない。何で？

拓哉 日本に移住したから。

かをり あっ、そのニュース、聞いたことある。

拓哉 スウェーデンの人なんだけど、日本人はあまり見ていないチャンネルだから、そのへんを普通に歩いているらしい。

かをり どんな動画あげているの？

拓哉 ゲーム実況が主体だと思う。日本のスナック菓子を食ったりもしてたような。

かをり どこに住んでるの？

拓哉 東京だと思うよ。

かをり （スマホで画像検索して）目立ちそうではあるけどね。私、そもそもユーチューバーってどういう見た目の人なのかあまり知らないんだよね。

篠原かをり出題

Q 19

カルチャークイズ

劇団四季の劇場の名前に唯一使用されたことがない四季は何でしょう?

春夏秋冬の4択だよ。
チャンス問題だね!

A

冬

拓哉　昔は全然演劇を見なかったんだけど、結婚してから宝塚に連れて行かれるようになって、劇場のポスターを見るようになったんだよね。それで、劇団四季のポスターで「秋」と書いてあったのは覚えているから、今、3択になっているのよ。

かをり　3択は結構当たるじゃん。

拓哉　持ってる演劇の情報は宝塚しかない。

かをり　実は劇団四季の劇場は4つ以上あるんだよね。

拓哉　四季の中から3つと、四季と関係ない名前の付いた劇場もあるってこと？

かをり　そう。「海」とか「自由」とか。だから、今後もおそらく劇場の名前にはならないであろう季節の名前があるってことだね。あえて避けている。

拓哉　できない理由はあるの？

かをり　インタビューで答えているのは読んだことがあるけど、それをどう読み取るかはこちらに任されているから。「なるほどね」とは思ったけれど、それは私が読みとった意図なのかもしれない。

拓哉　比喩として「冬」という名前を劇場に付けたくないという気持ちはわかるから、「冬」かなとは思うんだけど、そんな単純な問題を持ってくる？

かをり　ごめんね、答えが「冬」で。「冬」という名前を付けない理由は「冬は寒いから」だって。

拓哉　……そう。逆にごめんね。

かをり　あと、「夏」は2021年6月に閉館しちゃった。劇団四季も好きでよく見てたんだけど、四季は毎回オーディションをして実力で役者が決まるから、宝塚のようなスターシステムがあまりなくて。演者を見るというよりは演目を見るという感じなんだよね。宝塚と四季には、そういう差がある気がするな。

河村拓哉出題

Q 20

日本で見られる美術。
岡本太郎『明日の神話』は
渋谷駅にありますが、
ピカソ『ゲルニカ』のタペストリーは
どこにあるでしょう？

『ゲルニカ』のタペストリーは
世界に3枚しかないらしいよ。
そのうちの1枚は日本の
どこにあるでしょう？

A 群馬県立近代美術館

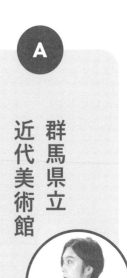

拓哉　本物は今スペインにあるのかな。

かをり　マドリードにありそうだね。

拓哉　ピカソが監修して作った複製タペストリーは世界に3枚だけあって、1枚はニューヨークの国連本部の安保理会議場前、もう1枚はフランスのウンターリンデン美術館にあって、もう1枚が日本のどこかにあるんだよ。

かをり　うーん、じゃあ、国連大学？

拓哉　正解は、群馬県立近代美術館でした。

かをり　問題文に岡本太郎の話を持ってきたから、国連大学のそばに岡本太郎の「こどもの樹」のオブジェがあるでしょ。だから被っているのかな？　と。

拓哉　世界に3つしかない複製タペストリーが群馬にあるって「へえ～」って思うでしょ。

かをり　そうだね。もっとみんなが見に行けばいいのにね。と言いつつ、自分もこの話を聞いたうえで「さあ、見に行くか！」とはならないからな（笑）。見に行ったら、きっといいものだよね。でも群馬に激しい戦争のイメージもないけどね。

拓哉　さらっと調べたら、売ってるときに安かったから買ったらしい。

かをり　単純に、群馬のえらい人の中に、いい目利きの人がいたんだ。

拓哉　世界に4つしかないハーゲンダッツの工場が、なぜかわからないけど群馬にあるっていう話を思い出すね。

かをり　あとの3つはどこにあるの？

拓哉　アメリカのニュージャージー州とカリフォルニア州、フランス。世界に数個しかないものが群馬にあるシリーズのふたつ目でした。

篠原かをり出題

Q 21

ドリアンを食べた際には、
この性質を利用すると良い、
ドリアンの皮にある
効果は何でしょう?

グルメクイズ

とくに好物ってわけじゃないけど、
私のスマホのカバーは
ドリアン柄だよ。

A 消臭

拓哉　臭い消し？

かをり　正解！　ドリアンの皮に水を溜めて、その水で手を洗うと臭いが取れるんだって。

拓哉　じゃあ機会があったらやってみる。

かをり　「ドリアンの受粉を主に担っているとされる生き物は何？」という問題も考えたんだけどね。

拓哉　ジャコウネコ？

かをり　ドリアンの木は高いから、ジャコウネコでは無理かな。答えはコウモリ。虫も受粉してると思うし、諸説あると思うけど、哺乳類がメインで受粉をしている植物って珍しいよね。

拓哉　本当だね。

かをり　でも、臭いと言われているドリアンに消臭効果があるって話のほうが面白いからそっちを採用した。うちの父はマレーシアでドリアン果樹園を経営しているんだけど、社員の方が皮の消臭効果の話をしていて、気になって調べてみたら、ちゃんと論文があった。民間伝承が本当だったというパターン。ちなみにスカンクの臭い消しにはトマトジュースが効くと言われているけど、この話は怪しい。

拓哉　実家がドリアン果樹園を経営って、人に話すと驚かれるでしょ。

かをり　うん。初対面の人と話すときのワンターン持つ雑談として重宝してる。私のドリアン柄のスマホケースも中国で作られたものなんだけど、昨今、中国でドリアンが大ブームで。うちの父はそのドリアン・バブルに乗ろうと、マレーシア産のドリアンはまだ中国には輸出できないんだけど、植えてから育つまで5年くらいかかるから、「実がなるころには輸出できるだろう」と先を見据えて、果樹園を始めたんだよね。

河村拓哉出題

Q
22

グルメクイズ

乳脂肪の代わりに
植物油脂を使った
チーズのコピー食品を、
「類似のもの」という意味の
英語を使って何というでしょう？

よく耳にする単語だけど、
もともとの英語の意味を
知らない人は意外と多いかも？

A

アナログチーズ

かをり　バターに対するマーガリンのチーズバージョンってことだよね？　全くわかんない。教えて！

拓哉　アナログチーズ。

かをり　へえ〜！　知らなかった。

拓哉　じゃあ、デジタルチーズって何だ？　って思いがちだけど、そういう意味じゃないんだよね。大学で教授が「これは○○のアナログで」と言ってるのを聞いて意味を調べたときに「アナログ」のもとになった英語のanalogyには「類似のもの」って意味があると知って。「あ、アナログチーズって名前を聞いたことがあるな」と思ったんだよ。

かをり　南米スリナムに行った際、食料調達をしてくれた方がヴィーガンで、チーズが出てきたんだけど、英語はよく聞き取れないものの胃の話をしているのがなんとなくわかって、レンネット（子牛の第四胃を塩漬けにして抽出したもの）を使わないチーズだなとわかったの。ヴィーガンの中でも、動物を殺さないならOKというラクト・オボ・ベジタリアンは、卵と乳製品は食べてもいいんだけど、レンネットは動物を殺(あや)めるからNGなんだよね。植物性のチーズは代替食品として価値が上がっていそうだね。

拓哉　価値が上がりそうな問題だから出したんだよ。

かをり　代替食品って面白いよね。この前、島豆腐をチーズ風にしたものを食べたよね。

拓哉　豆腐じゃなくてチーズ売り場に売ってたね。

かをり　最近、「うにのようなビヨンドとうふ」をお土産でもらって、すごくおいしかった。代替食品は、ウナギとか数が減っているものや、フォアグラとか食べられなくなってきているものに対して、可能性があるから好きな分野なんだよね。

篠原かをり出題

Q 23

グルメクイズ

ウィスキーやジンといった
蒸留酒を発展させた、
中世ヨーロッパの
ある意外な職業は何でしょう?

中世のヨーロッパの職業……
というのが大きなヒントだよ。

A

錬金術師

拓哉 ジンか……医者？ ジンの発明者って医者だよね？ シルビウスっていう解剖学者がジンを作ったという説があったよね。

かをり この人たちがいたから、蒸留酒文化が発展したよねっていう感じの職業。蒸留させることが仕事の人だね。仕事と言っていいのかもわからないけど。現代にはいない。いや、いないこともないけど……。

拓哉 錬金術師？

かをり 正解！

拓哉 仕事かどうかわからない職業って、錬金術師しかない。

かをり もっとあるよ！ のちの時代には「仕事かどうかわからない職業……ユーチューバーしかない」って言われてるかもしれないし。

拓哉 ユーチューバーに怒られるよ（笑）。

かをり 錬金術って、基本的には卑金属から貴金属を精製することと「賢者の石」と呼ばれる永遠の命のようなものを手に入れることを目的にしていて。

拓哉 それで、とりあえずあらゆるものを煮詰めたりしていたんだよね。

かをり その過程で、アルコールを蒸留した蒸留酒ができた。それが「アクアヴィーテ」と呼ばれる生命の水で。賢者の石を作ろうとした途中にできちゃった産物が蒸留酒だったのかなって思うんだけど。宝塚のレビューで『アクアヴィーテ』というのがあって、めっちゃいいよ。見ると寿命が延びる感じがする。

拓哉 寿命が延びそうって（笑）。

かをり 蒸留酒も飲むとカッときて寿命が延びそうな感じがするじゃん。それで「生命の水」と名付けた中世のひょうきんおじさんがいたのかも（笑）。

河村拓哉出題

Q
24

「熟したものや小さいものは
水に沈み、完熟していないものは
水に浮く」という特徴がある、
おなじみの野菜は何でしょう？

グルメクイズ

最近このことを知って、
もっと人生の序盤で知っておく
べきことではなかったのかなって
不安に思った……。

A

トマト

かをり　熟す、熟さないでいうと、葉もの野菜じゃなくて、実もの野菜になるじゃん。

拓哉　うん。

かをり　おなじみの実もの野菜というと、トマト、ナス、キュウリになってくるけど、キュウリは熟す前に収穫して食べる野菜だもんね。ゴーヤもそうだけど。

拓哉　そうだね。

かをり　ナスの沈んだ姿を見た記憶がないんだよね。水にさらすという作業をしたとき浮いてた気がする。ほかに実もの野菜……パプリカとかピーマンがあるか。いや、ピーマンも熟す前に食べちゃう野菜だし、パプリカをおなじみの野菜というのは攻めすぎ。なので、答えはトマトです。

拓哉　正解。調べたら、小学校の自由研究がいっぱいひっかかって、「地面より下でなるものは水に沈んで、地面より上でなるものは浮くことが多いんだけど、トマトは浮いたり沈んだりするよ」と書いてあって。へえ～って思ったんだけど、料理をよくやっている人にとったら「そんな当然のことをクイズに出してどうしたの？」ってなる可能性があるなと思ったのね。

かをり　小さいものってミニトマトってこと？

拓哉　そう。野菜が浮くか沈むかの話、子ども向けサイトによく出てくるから、子どもの頃からみんなが知ってる常識なのかと不安になった。

かをり　自分だけその情報をスキップしてたという不安ね。

拓哉　不安、不安、不安！　この話、聞いたことない。

かをり　学校でトマトを育てる授業があったけど、浮かぶかどうかは教わってないから必修科目ではないよ。

拓哉　ああ、よかった。

篠原かをり出題

Q 25

グルメクイズ

イギリスの気候では栽培が難しかったため、貴族の権威を示す高級食材としてアフタヌーンティーのサンドイッチに使われた野菜は何でしょう？

日本人にはあんまり
高級なイメージが
ないものかも……？

A

キュウリ

拓哉　ズバリ、キュウリ。

かをり　えらーい、知ってたんだ。正式なアフタヌーンティーにはキュウリのサンドイッチが出てくるんだよね。でも、アフタヌーンティー、嫌いでしょ？

拓哉　行ったことないけど、好きになる要素はない。

かをり　スコーンが嫌いだもんね。でも、キュウリってかっぱ巻きのイメージもあって、高級という感じがしないでしょ。そこがひっかけポイントだったんだけど。だってキュウリだけ挟んだサンドイッチ出されたら、めっちゃ貧乏臭くない？「うちはキュウリのサンドが出せるくらい、財力と権力を持っているんだよ」ってアピールに気付けない（笑）。

拓哉　おもてなしでキュウリが出たら、「俺、何かやっちゃいましたか？」って焦るよね。それで喉が渇いてキュウリ取り出して丸かじりして（笑）。

かをり　え～、キュウリをそんなに雑に!?　って（笑）。イギリスでは気候的にキュウリが育たなかったから貴重品になったんだよね。

拓哉　キュウリは輸出入が難しいからね。

かをり　遠くに運べない葉もの野菜を「軟弱野菜」って呼ぶじゃん。野菜がちょっと持たないだけで「軟弱だな」って感想を持つ人、心が尖りすぎてる。

拓哉　あんまりな言いようだよね。

かをり　イギリスでは気候的に養蚕も難しかったんだって。蚕を育てていた温室も少しはあったんだけど、イタリアやフランスほど養蚕が定着しなかったのね。それでイギリスでは、植民地にしていたインドにいた蚕みたいに糸を吐く「野蚕（やさん）」と呼ばれる大きな蛾の研究が盛んになったんだよ。

拓哉　へえ～。

河村拓哉出題

Q 26

グルメクイズ

北イタリアのパスタ
「ピッツォッケリ」。
パスタにしては短いのですが、
そうなってしまう理由があります。
なぜでしょう？

ショートパスタと呼ぶには長く、
ロングパスタにしては短い、
短冊状のパスタだよ。

A そば粉を使っていて伸ばせないから

かをり　地理は関係ある？

拓哉　関係はあるけど、答えからは結構離れているから地理から考えたら遠回りかな？

かをり　名前から想像できる？

拓哉　無理！

かをり　地域的な味の好みとか食材とか、どういう料理に使うかってことだと思うんだけど……。

拓哉　答えを聞いたときに「はあ」って思いそうな問題だから、めちゃくちゃ頑張ったら答えられるかもしれない。調理法は普通のパスタと同じはず。

かをり　短くなってしまうのは避けられない？

拓哉　そう。

かをり　原料は一般的なパスタと一緒で、小麦？

拓哉　100パーセント小麦ではない。

かをり　あ〜、十割そば方式？　あまり小麦が育たない地方だから混ぜ物を入れてる？

拓哉　うん。もうほぼ答えは出てるけど、正解は、そば粉を使っているから。

かをり　お〜。フランスのブルターニュ地方には「そば粉のガレット」もあるし、そば粉の存在はヨーロッパでも知られているもんね。

拓哉　おっしゃる通り、小麦が育たない地方なんだって。そば粉8の小麦粉2。もうこれは、そばだね。

かをり　二八そばじゃん（笑）。十割そばは、二八そばよりくっつかないから、そばを練ること自体に技がいるんだって。十割そばのほうが作るのが難しい。

拓哉　「蕎麦（そば）の自慢はお里が知れる」って最悪なことわざがあるよね。50年後にはコンプラ的に消えることわざが結構あると思う。

かをり　たしかに！

篠原かをり出題

Q 27

グルメクイズ

本場フランスでは、一目で違いが
わかるようにクロワッサンの
形を使い分けています。
では、真っ直ぐなクロワッサンと
三日月形に曲がったクロワッサンでは
何が違うでしょう?

日本のパン屋さんはそこまで
こだわっていないと思うけど、
フランスでは使い分けているよ。

A バターを使っているか、マーガリンを使っているか

かをり　これ、知ってた？
拓哉　知らない。
かをり　よかった～。日本のクロワッサンの形は色々に作られているけど、本場フランスでは、顧客が何を求めているかに応じて、どっちを買えばいいか一目でわかるようになっているんだよね。
拓哉　フランス？　バターとマーガリンの差。
かをり　正解～。何でフランスって確認したの？
拓哉　ナポレオン3世。ナポレオン3世が「バターっぽいものを作れ」って言って、できたのがマーガリンって言われているでしょ。
かをり　さすがだね。
拓哉　どっちの形のクロワッサンがバターなの？
かをり　真っ直ぐのほうがバターで、三日月形がマーガリン。私、クロワッサン好きなんだ。
拓哉　「でもカロリーが高いからあんまり食べないようにしてる」って言ってるのを聞いて「へえ～カロリー高いんだ」って知った。
かをり　パイ生地だから。小麦の層にバターを折り込む作業を繰り返して作っているから。
拓哉　そのときまでカロリーが高い食べ物と認識していなかったんだよ。冷静に考えたらわかるけど。
かをり　婚約指輪を買ったところが、ナポレオン1世御用達のショーメというブランドで、婚約指輪の代表的なシリーズとして「ジョゼフィーヌ」というのがあったでしょ。ナポレオンとジョゼフィーヌって泣く泣く離婚してるじゃん。どんなネーミングだよって。たしかに愛されてはいたけれど、それをチョイスするか？
拓哉　「ナポレオン」ってお酒もあるし、ナポレオン関連の名前を付けたくなる気持ちはわかるけどね。

グルメクイズ

河村拓哉出題

Q 28

古代ローマでも養殖されていたという、例外的にヨーロッパでも古くから生で食べられてきたシーフードは何でしょう？

欧米人が普通に寿司を食べるようになる前の、まだ生魚を食べなかった時代に、これだけは食べていたというものを考えてみてね。

A

カキ

かをり 養殖できるシーフードでしょ？　シーフードってくくりにした場合、魚は入らないと思うんだよね。あと、海藻類もシーフードには入れない気がする。

拓哉 おお。

かをり そういう意表のつき方はしないと思うから魚以外の魚介類だと思う。古代ローマの昔から生で食べていた……うーん。あんまりエビとかを養殖しているイメージはないかな。カニも日本ですら生で食べる感じがあまりしない。だからエビ、カニは外していいかな。オイスター？

拓哉 おっ、正解！

かをり カキは生だったときに嬉しいからね。

拓哉 結局そうなんだけど。

かをり ベルギーではムール貝をめっちゃ食べたの。名物がムール貝とワッフルとチョコレートだから。私もカキの問題出していい？　生食用カキと加熱用カキはどんな違いによって区別されているでしょう？

拓哉 養殖海域？

かをり 正解。カキをとってる海域を指定していない県もあって、そこでは一般的な基準に照らし合わせて区別する。水に浸して保存している時間も違ったりするから。カキはいいよね。でもさ、カキを「海のミルク」って言った人、変わってない？

拓哉 アボカドが「森のバター」と呼ばれてる的な。

かをり アボカドのバター感のほうがすごいよね。カキ単体を食べて「わ～これ、海で言ったら牛乳じゃない？」って感性の人って、一般的ではないから一旦疑ったほうがいい。栄養価の話なのかな？　でもカキってクリーミーな感じはする。「クリーミー」はカキの褒め言葉だよね。

グルメクイズ

篠原かをり出題

Q 29

近年は世界各地で
作られているものの、
フランス、ベシエールのものが
特に有名な
巨大料理は何でしょう？

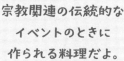

宗教関連の伝統的な
イベントのときに
作られる料理だよ。

A オムレツ

拓哉　巨大料理ってことは、大人数で長い巻き寿司を作る……みたいなことを各地でやっているわけね。

かをり　そうそう。でももっと伝統的なイベント。

拓哉　フランスの芋煮みたいなものでしょ？

かをり　そう、でも芋煮って巨大って言わなくない？　一個体の量がでかいなと思える料理なんだよ。

拓哉　ブタの丸焼きは上限あるしな。

かをり　上限がなくて、一個体だと思えるものだよ。ヒントは、キリスト教の行事に関連する食べ物です。

拓哉　クリスマスに食べるシュトーレンはドイツだっけ？　バレンタインのチョコ？

かをり　違う。キリスト教圏では重要なんだけど、日本ではあまりやっていない行事。

拓哉　感謝祭……はアメリカか。

かをり　復活祭。

拓哉　イースターね。じゃあ、でかいイースターエッグ？　イースターエッグってどんなのだっけ？

かをり　殻を彩色した卵。それを隠して探すってイベントなんだけど……答えは巨大なオムレツです。卵料理で一番大きく作れそうなのってオムレツでしょ。

拓哉　まあね。

かをり　めちゃくちゃ大きな鉄鍋で、持ち手の部分が長い調理器具を使って湯もみしてるみたいな感じで大勢で作るんだよね。巨大オムレツの上に人がのっかるイベントもあったんだって。あ、これもナポレオンに関連してた！　巨大オムレツは、ナポレオンが空腹の兵士たちのために作らせたのが起源と言われているらしいんだよね。すごいね、ナポレオン。

拓哉　何でも英雄に絡めたくなりがちだから、本当かどうか怪しい感じもするけどね。

河村拓哉出題

Q 30

栃木の郷土料理「しもつかれ」は、正月の残り物の食材を集めて作る料理です。かつては作る日が決まっており、その日以外に作ることはありませんでした。残り物ならいつでも作れそうですが、作る日が決まっていたのはなぜでしょう？

グルメクイズ

「しもつかれ」は、新巻鮭の頭とか大豆とかダイコンやニンジンなんかを酒粕で煮込んだ料理。味の印象としては大豆が強かった気がするな。

神様に供える必要があり、希少価値を担保するため

かをり　鏡開きの日と合わせてる？
拓哉　違います。
かをり　縁起をかつぐため？
拓哉　広義ではそう。
かをり　おせちの消費期限があるから、三が日が終わったあとに作るんじゃないのかな。
拓哉　正解は、神様にお供えする必要があって希少価値を担保しないといけないから。
かをり　しもつかれをお供え～？　具体的に何日って決まっているの？
拓哉　大豆は節分の残りだから、2月3日以降だよ。残り物をお供えするというのはよろしくないので、旧暦の2月の最初の午（うま）の日だけ作ることにして、希少価値のほうを高めていったと。
かをり　なるほど。
拓哉　新しい藁苞（わらづと）に入れて赤飯と一緒においなりさんにお供えするんだって。
かをり　野外のお供えか室内のお供えかわからないけど、1日を越えてしもつかれが家の中にあるのって嫌じゃない？　うっかりこぼしたりしそうじゃん。語源は「下野国（しもつけのくに）」ということ？
拓哉　諸説あり、だそう。
かをり　「下野国」だとしたらさ、国の名前を負わせるような代表作って感じではなくない？「うちの国はこれ一本でやっていこうと思います」というのを、しもつかれに負わせられなくない？
拓哉　まあ、やっちゃったんだろうね。名産品があんまりなさそうだし……。
かをり　栃木の食べ物といえば……宇都宮の餃子と鹿沼のシウマイがあったか。

篠原かをり出題

Q 31

スポーツクイズ

プロレスラーのジャイアント馬場と プロバスケットボール選手の マイケル・ジョーダンは、 共にどんなスポーツのプロ選手 だったことがあるでしょう?

この問題は、
答えを知ってる人が多いかも！
違うスポーツのプロに
転向できるってすごいよね。

A 野球

拓哉　野球。

かをり　正解。

拓哉　よかった！　馬場は知ってたけどマイケル・ジョーダンもなんだ。馬場って巨人軍だったっけ？

かをり　そう。野球選手時代に風呂場で転倒して肘を17針縫う大怪我をして、プロレスに転身したんだって。私も26歳のとき、プロレスラーになりたいと急に思って半年くらい道場に通って、ドロップキックができるだけの普通の人になって帰ってきた（笑）。

拓哉　向いてないと早めに気付いてよかったね。

かをり　同期として道場に入ったのが小6の女子と50代の女性だったんだけど、ふたりともデビューして頑張ってるんだよ。

拓哉　どんな練習をしてたの？

かをり　ひたすら受け身。フワちゃんがレスラーデビューした試合を見たら、受け身がすごくきれいだった。

拓哉　格闘技は無理だからチェスを覚えようかな。

かをり　チェスボクシングをやろうとしてるの？　チェスとボクシングを交互に行う謎の競技。

拓哉　結局、ボクシングが強い人が勝つ気がする。

かをり　マイケル・ジョーダンは、バスケ選手として活躍中だった31歳のときに、シカゴ・ブルズを辞めて野球に転向したんだよね。

拓哉　どこの野球チームに入ったんだっけ？

かをり　ホワイトソックスの傘下の球団。転向する前年に、野球が好きだったお父さんが亡くなって、そのことがきっかけで野球選手になりたかったという子どもの頃の夢を追いかけたんじゃないか……という推測がされているけれど、結局メジャーリーグには上がらず、1年で野球を辞めてバスケに復帰したんだって。

河村拓哉出題

Q
32

モンゴル相撲とも呼ばれる「ハルハ・ブフ」は、「ゾドグ」という服をつけて戦います。このゾドグ、前が大きく開いていますが、伝説によればその理由は何でしょう？

スポーツクイズ

ほぼ背中と腕しか覆っていない、ベストのような衣装だよ。

A 昔こっそり女性が参加したから

かをり　攻撃された結果、衣装の前がズバッと開いた英雄がいたとか。バトルの結果だと思うんだよね。いや、違うな。ヒントちょうだい。

拓哉　日本の相撲もこういうところがある。

かをり　じゃあ、ゲン担ぎをしている的な？　いや、「腹筋が割れるように」という願いを込めて開けている？　お相撲さんは腹筋割れていないか。

拓哉　正解は「昔こっそり女性が参加したから」。

かをり　そういうことかー。日本の相撲の「土俵は女人禁制」と同じってことね。胸で男女を判断するために前を開けているんだろうけど、力士の胸のサイズは女性の平均サイズを超えていそうな気もする（笑）。

拓哉　たしかに。

かをり　女人禁制といえば、ミャンマーに「ゴールデンロック」という、山頂にある落ちそうで落ちない金の岩あるでしょ。

拓哉　ああ、あるね。

かをり　あそこに子どもの頃行ったんだけど、めっちゃ頑張って山登ったのに、女人がゴールデンロックに触ることはもちろん、近づくことも禁止されていたんだよ。登ったのに触れないことにショックを受けていたら、ガイドのお兄さんに「来世では男に生まれるように祈ってきてあげますからね」と言われて、「そういうことじゃないんだよね～」って思った（笑）。

拓哉　「女人禁制」で、それより強いエピソードを持ってない（笑）。

かをり　「落ちない」ということで、ゴールデンロックの金箔を受験のお守りに買っていく人がいるんだって。ちなみに、岩が落ちない理由は、お釈迦様の髪の毛が入っているからだと言われているよ。

篠原かをり出題

Q
33

現在では一般的な
白と黒のサッカーボールの
デザインが生まれるきっかけに
なった出来事は何でしょう？

スポーツクイズ

白地に黒の五角形が入った、
一番ポピュラーな
サッカーボールは、
日本で生まれたんだよ。

A テレビ放送

拓哉　テレビ中継。

かをり　正解！　もともと知ってた？

拓哉　知ってた。

かをり　へえ〜。全然サッカーに興味がなさそうなのに。最初は白っぽい1色だけのボールだったんだけど、それだと白黒テレビで見たときにボールが見えにくいとなって、白の六角形と黒の五角形を組み合わせたサッカーボールが誕生したと言われていて。

拓哉　テルスターだね。

かをり　そう。このボールは、テレビ（television）時代のスター（star）になるということで「テルスター（telstar）」と名付けられたという説があるんだよね。あの白黒のボールは、もともとは日本のスポーツ用品メーカーが開発したんだけど、アディダスが目をつけてワールドカップの公式球となって広まっていって、今も公式球として使われている。

拓哉　丸いおむすびがサッカーボール模様になる五角形の海苔があるよね。あれ、スーパーで見かけるたびにちょっと欲しいなと思ってしまう。

かをり　キャラ弁作ってほしいの？『みなしごハッチ』のサブキャラの弁当、作ろうか？

拓哉　よくわかんない虫の弁当としか思わないよ（笑）。あと、白黒テレビといえば、白黒テレビに取り付けて擬似的にカラーにするカラフルなフィルターが当時売られてたって話があるよね。

かをり　へえ〜。

拓哉　僕もどんなものかよくわかっていないんだけど。もう一つ、戦隊ヒーロー番組の戦いのとき、煙をカラフルな色にして、カラーテレビへの買い替えを推し進めたという話も聞いたことがあるよ。

河村拓哉出題

Q
34

古文書に書かれた中に
確認できる最も古い
「ゴルフ」という単語は、
1457年にスコットランド王
ジェームズ2世により使われた
ものです。どんな文脈でしょう？

スポーツクイズ

古文書に出ていないだけで、
ゴルフをやっている人は
当時から結構多かった
みたいだよ。

A

ゴルフ禁止

かをり　「税金として、接待ゴルフをやりなさい」。

拓哉　違います。正解は「ゴルフ禁止」。

かをり　あー、なるほど。たしかに禁止事項は古文書に残るわ。何で禁止だったの？　贅沢だったから？

拓哉　兵隊がゴルフで遊ぶようになって、戦力が落ちてきたから。ゴルフ禁止令を出したジェームズ2世は、イングランドと戦っているとき、大砲の操作を誤って爆死しちゃったんだって。

かをり　ゴルフって裕福なイメージのスポーツだから、槍投げより怠けている感じがするし、兵士がゴルフやってたら、確かに士気が下がってる感じがする。

拓哉　槍投げは士気が上がりそう。

かをり　打ちっぱなしとパターだけやったことあるけど、難しかった。細かい動きを、道具を使って行うことが苦手だから。繊細な作業は向いてない。

拓哉　そうだね。僕はゴルフやったことないけど。

かをり　ゴルフって、長きに渡って遊べて、人生後半になっても若者といい勝負ができるんだろうね。

拓哉　そうね。

かをり　ゴルフでホールインワンが出るとパーティーを催したりするじゃん。その資金のための保険があるんだけど、ホールインワンしていないのに、したことにして保険会社を騙してお金を取るという詐欺があるんだって。保険のお金をもらうには、同行者じゃない第三者の目撃情報が必須みたいなんだけど、日本だけじゃなく海外でもこの詐欺は結構よくあるらしい。

拓哉　ホールインワン保険でもらえる額って、１００万円くらいじゃないの？

かをり　保険に入ってゴルフに行くってことは、もともと少しは裕福だよね。釣り合っていない詐欺だね。

篠原かをり出題

Q 35

スポーツクイズ

角界の用語で「金星（きんぼし）」といえば、
平幕力士が横綱に勝つことですが、
角界の隠語で「金星」といえば、
どんな意味でしょう？

同じ「金星」なのに、
違う意味があるなんて
面白いよね。

A

美人

拓哉　美人。

かをり　正解！　知ってたか～。力士が結婚すると「金星」って書かれがち。不美人の隠語は「おかる」。明治時代に巡業に帯同した、おかるさんという旅芸人が不美人だったからなんだって。金星の漠然とした感じと比べて、一個人の名前を隠語に使うって……。

拓哉　絞り込みすぎだよね。「タニマチ」も公式用語ではないんだよね。大阪の谷町筋に力士を無料で診察してた相撲好きの医者がいたことから、力士を後援する人のことをこう呼ぶようになったらしい。

かをり　あとはどんな隠語があったっけ？

拓哉　「えびすこ」。大食いの力士のことや、たくさん食べることの隠語。

かをり　「シカを決める」と「イカを決める」って隠語は知ってる？

拓哉　何だっけ？

かをり　「シカを決める」はしらばっくれることで、「イカを決める」は勝ち逃げすること。

拓哉　「タコになる」は、思い上がること。

かをり　へえ～。相撲隠語一覧に「打ち上げ」って書いてあって、何だろうと思って見たら「各相撲部屋で千秋楽に行われるパーティーのこと」と書いてあって、普通の一般的な打ち上げだった（笑）。

拓哉　「藤助」＝ケチな人も、藤田川藤助という力士がケチだったことから生まれた隠語らしい。

かをり　また特定の一個人（笑）。練習しなくて壁を背に立って見ているだけの力士のことを指す隠語は何だっけ？

拓哉　かまぼこ？

かをり　そうそう、それ！

河村拓哉出題

Q 36

2021年に開催された「オリンピック・バーチャルシリーズ」で開催された5つのeスポーツは、野球、自転車競技、ボート競技、セーリングと何でしょう?

パロディーや遊びではなく、
ちゃんと認められた形で
開催された大会だよ。

A

モータースポーツ

かをり　その答えの競技は、オリンピックの競技になったことがある？

拓哉　最近はやられてない。

かをり　あ、わかったかも！　絵画？

拓哉　……ではないです。

かをり　違うかー。昔、オリンピックでスポーツを題材にした絵画、造形、文学、建築、音楽の芸術作品を制作して、審査員が採点して順位を競っていた時代があったんだよね。

拓哉　初期のオリンピックは迷走してたから。

かをり　芸術部門でオリンピックに出たときに「選手」って言いづらくない？

拓哉　メダリストより紫綬褒章って感じ（笑）。

かをり　答えの競技は、パッと想像するスポーツのくくりに入っている？

拓哉　スポーツといえばスポーツかなあ、って感じ。1900年のパリオリンピックで、その年のパリ万博と並行する形でクリケット、気球、綱引き、魚釣り、たこあげなどを行った中に、その競技もあったらしいよ。

かをり　ボートとセーリングがあるから水関係ではなさそう。その答えの競技をやったことある？

拓哉　ない。

かをり　学校でやる感じのものではないんだね。

拓哉　うん。テレビゲームだと考えるとわかるはず。

かをり　うーん、格闘技？

拓哉　正解は、モータースポーツ。「グランツーリスモ」でやったらしい。

かをり　あー、そうか。自転車があったから、車はないかと思って外したんだよね。

篠原かをり出題

Q 37

セーターはあるスポーツのウェアとして用いられたことから一般化しました。それは何でしょう?

スポーツクイズ

セーターは、英語の「sweat＝汗(をかく)」に由来している言葉だよ。

A

アメリカンフットボール

拓哉　汗をかく……ジョギングでどうでしょう？

かをり　あ〜、もっと激しいスポーツです。

拓哉　アイスホッケー？

かをり　いい線！　「英語圏の」も大きなヒントだよ。

拓哉　アメフト？

かをり　正解。もともとは、アイビーリーグのアメフトの選手が、練習のときにたくさん汗をかいて減量するための衣類として生まれたんだって。セーターが誕生した1891年当時は、効率よく体が絞れる練習着として、重宝がられていたんだと思う。

拓哉　素材は普通にウールだったの？

かをり　毛糸って書いてあったから、たぶんウールじゃないかな。日本人の女子アメフト選手で、アメリカで殿堂入りしている人がいるのは知ってる？　鈴木弘子さんという人で、もう引退されているんだけど、現役時代は選手兼チームオーナーだったんだって。

拓哉　オーナー？　すごいね。

かをり　アメフトといえば日大の反則タックル問題を思い出してしまいがち。私は今、日大の大学院生でしょ。入学式のとき、巨大な体の来賓の先生が多くてびっくりした。

拓哉　日大は相撲も有名だから。

かをり　アメフトのボールはなぜ楕円(だえん)形でしょう？

拓哉　知らん。何でだ？

かをり　アメフトの原型になった競技で、ブタの膀胱(ぼうこう)に空気を入れて、その上に皮を張ってボールにしていたから。跳ねたときに思わぬ方向にいくことでゲーム性が生まれるから、今はもうブタの膀胱は使っていないんだけど、その形を模しているんだって。

拓哉　へぇ〜。

河村拓哉出題

Q 38

これは何でしょう?

❶現地の産業である真珠をイメージした光沢がデザインされています。

❷アラビア語で「旅」を意味する「アル・リフラ」という名前があります。

❸位置や動きを感知するセンサーにより、1ミリレベルのトラッキングが可能でした。

3つのヒントをもとに、答えが何か推理してね。

A カタールW杯のサッカーボール

かをり　最後過去形だね。今はもうないスポーツ？

拓哉　今もある。

かをり　別の形に変わっている？

拓哉　変わってない。普通にある。

かをり　オリンピック競技にある？

拓哉　競技自体はある。

かをり　アラビアでやってるスポーツでしょ？　カーリングはアラビアにはなさそうだし。ほかに位置を細かく知る必要がある競技って何だろう？　しかも道具を使うスポーツでしょ。弓とか……？

拓哉　では第4のヒントです。メーカーはアディダスです。

かをり　えー、でもそんなに有名なスポーツじゃないでしょう？

拓哉　スポーツを有名な順番に並べたらトップ10には絶対に入るよ。

かをり　トップ10まで範囲が広いってことは、野球、サッカーではないから……。

拓哉　じゃあトップ3でいいよ。

かをり　サッカーボール？

拓哉　おっ！　何の大会のときの？

かをり　えー。

拓哉　正解は、カタールW杯のサッカーボール。

かをり　あ、それか！

拓哉　さっきサッカーボールの問題のときに、おにぎりの海苔の話に切り替えたのは、この問題に絡む雑談になりそうだったから。

かをり　普通に「海苔を買ってほしいんだな」と思ってた（笑）。W杯をちゃんと見ていなかったから、ボールに光沢があったなんて知らなかったよ。

篠原かをり出題

Q 39

第1回アテネオリンピックで優勝者に渡されたのはどんなメダルでしょう?

スポーツクイズ

第1回アテネオリンピックは1896年4月6日〜4月15日に開催されたよ。

A

銀メダル

拓哉　銀メダル？

かをり　正解！　当時は、1位が銀メダル、2位が銅メダル、3位は賞状だったかな。

拓哉　第2回のメダルは、四角だったんだよね。

かをり　第3回大会から金・銀・銅のメダルになった。この順番になったのは、金属としての価値の順という説と、ギリシア神話で語られる時代の順番が「黄金時代」「白銀時代」「青銅時代」だからという説もある。

拓哉　金メダルは全部金というわけじゃなくて銀メダルに金メッキ加工をしているんだよね。

かをり　そう。全部金だと、メダルを噛んだとき軟らかいから歯型がつきそう（笑）。あと、全部金にしちゃうと、銀メダルとの金銭的価値が違いすぎて、不公平感が出過ぎるよね。

拓哉　そうだね。

かをり　全部金のメダルにすると、先進国以外での開催が金額的に難しくなったり、金メダリストの家に空き巣が入る可能性もあるから、あえて金メッキにしてるとも言われている。

拓哉　２０２１年の東京オリンピックのときは、スマホとか「都市鉱山」から金、銀、銅を集めて、リサイクル素材だけでメダルを作ってたよね。

かをり　メダルといえば「友情のメダル」の話も有名だよね。１９３６年のベルリンオリンピックの棒高跳びで、2位と3位の決定戦が「日本人同士だから」という理由で行われなくて、後に銀メダルと銅メダルを縦半分に切ってつなぎ合わせたという。

拓哉　今はどこに保管してあるの？

かをり　片方は早稲田大学の大学史資料センター、もう片方は秩父宮記念スポーツ博物館にあるらしいよ。

河村拓哉出題

Q 40

陸上競技で、
「20000メートル競歩」と
「20キロ競歩」の
一番大きな違いは何でしょう？

スポーツクイズ

20000メートルも
20キロも
距離的には
全く同じなのに……？

A

2000メートルはトラック、20キロは道路

拓哉　距離としては同じなのに、この違いは何でしょう？　という問題。わざわざ距離の言い方を変えている競技がほかにもないか探したけど、競歩しか見つけられなかったんだよね。

かをり　何だろう？　屋内か屋外か？

拓哉　あっ、まあ正解でいいか。20000メートルはトラック競技で同じところをグルグル回るんだけど、20キロのほうは道路で行われる。道路は高低差もあるし、通る道によって結構コンディションが違うでしょ。それで呼び方をメートルとキロに変えて、別の種目として、カウントされているんだって。

かをり　競歩って道路でやっているイメージが強いけど、トラック競技もあるんだね。10000メートル走を1キロ走と呼ばないのはトラック競技だからってこと？

拓哉　だと思う。

かをり　東京オリンピックのとき、新しい国立競技場に行ってみたくて「何でもいいや」と思って、家族全員分適当にチケット申し込んだら、10000メートル走の決勝のチケットが6人分当たっちゃって……。友達に「10000メートルのチケットが6枚取れた」と言ったら、「そんなにモハメド・ファラーが見たいか？」と言われて。私はスポーツにはあまり興味がなくて、陸上選手には詳しくなかったんだけど、その名前だけ刷り込まれた。

拓哉　モハメド・ファラーは東京五輪には出られなかったよね。

かをり　そう。しかも結局、無観客開催になってしまって、そのチケットは払い戻しになった。

拓哉　10000メートル走を生で見逃したんだ。

篠原かをり出題

Q 41

アイルランド警察は「Prawo Jazdy（プラヴォ・ヤズディ）」なる人物に50枚以上の交通切符を切ったことでイグノーベル文学賞を受賞していますが、「Prawo Jazdy」はポーランド語で何でしょう？

イグノーベル賞は、
1991年に創設された
「人々を笑わせ、考えさせてくれる研究」
に与えられる賞で、
数々の日本人も受賞しているよ。

A

運転免許証

拓哉　答えは、運転免許証。ポーランド語で運転免許証と書いてあるのを見て、アイルランド警察はそれが人名だと思い込んでしまったという話でしょ。

かをり　正解。知ってたのか〜。年齢、性別が様々なプラヴォ・ヤズディさんが50回以上交通違反の切符を切られて。

拓哉　これのジャンル、文学なの？

かをり　イグノーベル文学賞だもん。

拓哉　ああそうか。この事件は、僕の頭の中では「綿棒工場のおばちゃんのＤＮＡ」の話と同じ引き出しに入ってた。いろんな犯罪のＤＮＡ検査でいつも引っかかってくるヤバい犯人がいると思ったら、ＤＮＡ検査に使う綿棒の工場で働くおばちゃんのＤＮＡが付着してたっていう（笑）。

かをり　おばさん、素手で触っちゃだめだよね。かつてのイグノーベル賞の中で、好きなのは何？

拓哉　ジャック・バンヴェニストかな。「水には記憶がある」みたいな研究で、１９９１年と98年の２回イグノーベル賞を受賞している。

かをり　私が好きなのは、２０１７年にイグノーベル物理学賞を受賞した「猫は液体か固体か」っていう研究。あと、オランダのアンドレ・ガイム博士は、イグノーベル賞とノーベル賞を唯一両方受賞した人なんだよね。イグのほうは「生きたカエルを磁気浮上させる」という実験だった。

拓哉　へえ〜。

かをり　イグノーベル賞展に行ったら、ガスマスクにもなるブラジャーとかが展示してあった。普段から身につけているものが、いざというとき役立つのはいいと思うんだけど、見た目がバカっぽかった（笑）。

河村拓哉出題

Q 42

3ヒントクイズです。

❶森鷗外のペンネームの由来となった、鷗(かもめ)の渡しがありました。

❷在原業平がここで詠んだ和歌に由来して、ユリカモメのことを都鳥(みやこどり)とも呼びます。

❸永井荷風の小説『濹東綺譚(ぼくとうきだん)』のタイトルにある「濹」はこの川のことです。

森鷗外は鷗の渡しの外にある千住に
住んでいたから、鷗の外ということで、
鷗外というペンネームになったそうだよ。
千住から人力車で
陸軍病院に通勤していたんだって。

A 隅田川

かをり　川か……。隅田川？

拓哉　正解。

かをり　へ～。森鷗外って子どもの名前が、長男は於菟、長女は茉莉、次男は不律、次女は杏奴、三男は類で、キラキラネームじゃん。

拓哉　そうね。

かをり　与謝野晶子と鉄幹には子どもが12人もいて、六男六女でバランスもいいんだよね。死産だった子を入れると本当は13人も産んでいて。そのうちのふたりは鷗外が名付け親なんだよね。長男・光、次男・秀、長女・八峰、次女・七瀬、三男・麟、三女・佐保子、四女・宇智子、四男・アウギュスト、五女・エレンヌ、五男・健、六男・寸、六女・藤子。

拓哉　途中、カタカナの名前が入ってきたね。

かをり　急にガラッと名前の雰囲気が変わるでしょ。だからてっきり、鷗外が付けた名前はアウギュストとエレンヌなのかなと思っていたら、八峰と七瀬だったんだよ。普通にいい名前だし、与謝野晶子の子どもの名前一覧の中で、私的には好きな名前の上位ふたつ。何で急に八と七から始まるのかはわからないけれど。

拓哉　鷗外が送った子どもの誕生を祝う歌「聟きませ ひとりは山の八峰こえ ひとりは川の七瀬わたりて」から取って名付けたみたいだね。

かをり　へえ～。アウギュストは、彫刻家のオーギュスト・ロダンから取ったらしい。でも、のちに昱に改名したんだって。

拓哉　本人はキラキラネームが嫌だったんだね。

かをり　あと、在原業平が詠んだ「都鳥」はユリカモメの別称なんだけど、それとは別に正式名称がミヤコドリという名前の、違う鳥もいるんだよね。

篠原かをり出題

Q 43

詩人バイロンとその知人らの「ディオダディ館の夜」と呼ばれる怪奇談義から生まれた有名なモンスターは吸血鬼と何でしょう?

文学クイズ

ジョージ・ゴードン・バイロンは、ゲーテに「今世紀最大の天才」と言われた19世紀ロマン派の詩人だよ。

A

フランケンシュタイン

拓哉　フランケンシュタイン。

かをり　正解。オカルト系は知ってそうだもんね。雨が長く降って外にも出られず、暇だから順番に怪談でもしようとなって、生まれた話なんだって。バイロンはいい地位にいたんだけど、私生活が荒れていたせいで祖国のイングランドを追われてしまい、スイスの館に知人を集めて滞在中に、後世に残る名作怪談が2作できたと。

拓哉　『吸血鬼』の作者は、ジョン・ポリドリだっけ？

かをり　そう。ポリドリはあまり文章がうまい人ではなかったからバイロンが手伝って書いたとも言われている。ポリドリはバイロンの主治医なんだけど、恋人だったという説もあって。

拓哉　今調べたら、ポリドリは19歳で博士号を取って25歳で亡くなっていた。生き急いでるな。

かをり　『フランケンシュタイン』の著者は女の人だよね。

拓哉　メアリー・シェリー。彼女の母親はフェミニズムの創始者、父親はアナキズムの先駆者と呼ばれている人なんだって。

かをり　すごいね。そりゃ『フランケンシュタイン』書くわ。フランケンシュタインって、あの怪物本人の名前だと思われがちだけど、実際は怪物を生み出した博士の名前なんだよね。

拓哉　そう、あの怪物には名前がない。

かをり　書いたときのメアリー・シェリーの年齢は18歳だって。若いね。後にメアリー・シェリーの夫になる詩人のパーシー・シェリーもこのときディオダティ館にいたんだけど、彼は作品を書き上げなかったんだよね。

河村拓哉出題

Q 44

「邪な神を忌む」と書く「邪神忌」。
文学に関連する意味を持つ
言葉ですが、
その意味は何でしょう?

文学クイズ

太宰治の「桜桃忌」とか
芥川龍之介の「河童忌」的なもの
……と考えてみてね。

A

ラヴクラフトの命日

かをり　私の中で2択なんだよね。ゲーテの命日か『クトゥルフ神話』のラヴクラフトの命日か……。ラヴクラフト？

拓哉　正解。命日は3月15日ね。日本のファンが付けちゃったらしいんだよ。ＬＯＦＴとかでイベントやってそうなイメージ。

かをり　『クトゥルフ神話』はＴＲＰＧ（テーブルトーク・ロールプレイングゲーム）に使われているイメージしかない。あ、『這いよれ！ニャル子さん』もあったか。『クトゥルフ神話』をモチーフにしたラノベの。

拓哉　それをアニメ化したとき、主題歌も流行ったね。

かをり　もう10年以上前の作品だけど、未だにカラオケで歌う友達がいるよ。（スマホを見て）文学忌の一覧のページを見つけたよ。織田作之助は「作之助忌」、「織田作忌」だって。ひねりがなさすぎだよ……。へえ、文学忌の名前が5つもある作家もいるんだな。手塚治虫も「治虫忌」か。名前そのままの人も結構いるね。えっ、「アンドロメダ忌」!?

拓哉　埴谷雄高（はにやゆたか）でしょ。有名だよ。「黄犬忌」はわかる？キーン忌と読むんだけど。

かをり　ドナルド・キーンだね。自分が付けてもらう側だったら、名前じゃないほうが嬉しくない？　萩原朔太郎が「朔太郎忌」って、なんかかわいそう。『青猫』っていう2文字の代表作があるんだから「青猫忌」とかかっこいいの付けられるのに。

拓哉　いいでしょ、別に（笑）。

かをり　そういえば「桜桃忌」のとき、太宰のお墓の文字の凹みにさくらんぼがびっしり埋め込まれるんだって。カラスに狙われそうだよね。『檸檬』の梶井基次郎は、お墓に檸檬を埋め込まれるのかな（笑）。

篠原かをり出題

Q 45

エッフェル塔嫌いで有名な
モーパッサンはあえて
毎日のようにエッフェル塔にある
レストランに通っていました。
どうしてでしょう?

モーパッサンは、フランス自然主義の
代表的作家のひとりで、
小説家、劇作家、詩人として活躍したよ。

A エッフェル塔が見えないから

拓哉　エッフェル塔を見なくてすむから。

かをり　正解。エッフェル塔ができたばかりの頃「デザインが斬新すぎる」「エッフェル塔が出ていて醜い」という意見や「潰れたら危ない」という不安もあって、反対運動が起きたんだよね。モーパッサンはエッフェル塔を非難するコラムを書いたりして、エッフェル塔が嫌いということで仕事を得ていたんだって。

拓哉　僕たちはエッフェル塔嫌い芸人です（笑）。

かをり　『アメトーーク！』（笑）。高輪ゲートウェイ駅の名称が反対されたのと近い感じで、当時のエッフェル塔は風情がないと思われがちだったのかな。

拓哉　そうだね。

かをり　エッフェル塔の中には、今もミシュラン星付きのレストランが入っているらしいよ。そこに予約を入れると、並ばずにエッフェル塔に入れるんだって。

拓哉　次のパリオリンピックに向けて、エッフェル塔を金色に塗る話があったけど、どうなるのかな。

かをり　最初は赤だったんだよね。赤だと思うと嫌がる気持ちもわかるかも。エッフェル塔を設計したギュスターヴ・エッフェルさんは、ほかにも有名なものを造っていなかったっけ？

拓哉　自由の女神。

かをり　そうだ。そのふたつを造ったという功績、すごいよね。エッフェルさんは安全第一で造る人だから、エッフェル塔の工事でひとりも犠牲者が出なかったんだって。エッフェル塔の上のほうには人が生活できるスペースもあって、エッフェルさんはそこで暮らしていたらしい。あと、エッフェル塔って夏は熱膨張で伸びて冬は縮むから、夏と冬で高さが10センチくらい違うんだって。10センチってびっくりだよね。

河村拓哉出題

Q
46

現在発行されている第4期の新潮文庫において、入稿番号（文庫の扉の下の数字）が「1」の作品は何でしょう？

文学クイズ

新潮文庫は、第1期が1914～1917年、
第2期が1928～1930年、
第3期が1933～1944年で、
第4期は1947年から現在まで
続いているよ。

A

『雪国』

かをり　『日本書紀』？　これなら「その作家のほうが僕より上だって言うのかい？」みたいな確執がなさそうじゃん（笑）。

拓哉　違います。読んだことはあると思います。その作品の単行本の初版は、１９３７年に出ています。

かをり　夏目漱石の活躍したゾーンより後だね。

拓哉　ヒント。うちにあります。

かをり　『雪国』。

拓哉　正解！

かをり　作者の川端康成はノーベル賞作家だし、『雪国』は海外でも研究されている小説だもんね。川端康成って何歳まで生きていたんだっけ？

拓哉　１９７２年に72歳で亡くなったんだよ。川端は１８９９年生まれだから年齢と西暦の下２ケタが合っているんだよね。三島由紀夫は、昭和何年かと何歳かが一致するんだよ。お得ポイント（笑）。

かをり　おお～、面白いね。川端康成は目力がすごかったから、借金をするのがうまかったんだって。何も言わずにじーっと座っているだけで、相手がお金を出してくれたんだって（笑）。

拓哉　川端康成が仔犬をたくさん抱えているかわいい写真もあったよね。

かをり　ある！　坂口安吾や宇野千代に仔犬を譲ったらしいよ。川端康成は１９３３年に『愛犬家心得』という文章も書いていて、「決して放し飼ひしない」「一時の気まぐれやたはむれ心から、犬を買つたり、貰つたりしない」「犬も家族の一員」とか、今、犬と暮らす上で大切とされていることを、すでに書いているんだよね。文豪には猫好きも多いけど、家にいる時間が長いから、動物を飼いやすいよね。

篠原かをり出題

Q
47

直木賞に名を残す、
直木三十五の「三十五」とは
何に由来する数字でしょう？

文学クイズ

直木という苗字は、
本名の植村宗一の「植」の漢字を
バラバラにして、
左右入れ替えたんだって！

A

年齢

拓哉　年齢。三十一から始まって、三十二、三十三と年齢が上がる度に筆名を変えていったんだよね。

かをり　34歳になって三十四に変えたときに、編集者が「書き間違えたのかな」と思って三十三に直して印刷しちゃって、もう三十三でいいかと2年間使ったんだけど、姓名判断で最悪と言われて、三十四は飛ばして、三十五で落ち着いた。後に直木賞を創設した菊池寛に「もう変えるな」と言われて三十五で止めたという説もある。

拓哉　何で答えを知ってたかというと、直木賞の初回は1935年なんだって思ったときに調べたから。

かをり　「日本人は、最初に生まれた子を一郎、次男を二郎と名付けていくので、外国人は、直木三十五で驚き、山本五十六で驚愕する」っていうジョークがあるよね。

拓哉　山本五十六は二段落ちじゃん。本当の名前の由来が「お父さんが56歳のときの子」と知って再び驚愕するという（笑）。

かをり　直木三十五の名前の由来は、よく3択クイズにもなるんだけど、「①年齢、②作品数、③交際相手の数」っていうのを見たことがあって。交際相手の数をペンネームにする作家、キショすぎでしょ（笑）。

拓哉　その後に増えそうだしね（笑）。じゃあ名前に「ナオキ」がつく芥川賞作家は誰でしょう？

かをり　又吉直樹。

拓哉　正解。（スマホを見ながら）あ、直木三十五の叔父の友人が、相撲の「タニマチ」の語源となった医者の薄恕一（すすきじょいち）で、直木もこの医者のお世話になっていたという記事が出てきた。

かをり　相撲の隠語の話（76ページ）と繋がった！

河村拓哉出題

Q 48

これは何でしょう？

❶ 2022年11月6日に
正式サービスが開始されました。

❷ アインクラッドと呼ばれる世界を自由に
冒険できる、VRのオンラインゲームです。

❸ プログラマーの茅場晶彦（かやばあきひこ）いわく、
「これは、ゲームであっても遊びではない」。

文学クイズ

ウィキペディアの年代のページには
「フィクションのできごと」も
まとめられているよ。

A 『ソードアート・オンライン』

かをり　2022年って、最近だね。何だろう？　どんなことを答えたらいいのか見当もつかない。

拓哉　正解は『ソードアート・オンライン』。ゲームを題材としたライトノベルで、ゲームの中で死んでしまうと、現実世界の自分も死んじゃうという話ね。

かをり　それか～。めっちゃ流行ったよね。

拓哉　流行りすぎてシリーズが長く続きすぎた結果、ついに現実時間に追いついた（笑）。ライトノベルの1巻が出たのは2009年で、近未来の話としてスタートしたのに、その未来を過ぎちゃった。

かをり　ドラえもんができた日は、2112年9月3日だから、まだ追いついていないね。

拓哉　でもさ、今生まれた子どもは、届きそうだよね。人生100年時代だし。

かをり　未来に設定してたけど、追いついたものってほかにもありそう。『バック・トゥ・ザ・フューチャーPART2』は2015年に行く話だったよ。

拓哉　『2001年宇宙の旅』の未来には全然なってないけどね（笑）。

かをり　それを考えると、『ソードアート・オンライン』の世界には、まあまあ近づいているか。

拓哉　『ブレードランナー』の2019年になったときも「お、きたな」と思った。

かをり　『北斗の拳』も「199X年、世界は核の炎に包まれた」ってナレーションが入ったよね。

拓哉　包まれなくてよかった。

かをり　『鉄腕アトム』は2003年か。ペッパーくんやファミレスの猫型ロボットは誕生したけど（笑）。

拓哉　『宇宙兄弟』で日本人初のムーンウォーカーになるのは2026年だって。うわー、ありそう！

篠原かをり出題

Q 49

1994年にビル・ゲイツが
オークションで落札し、
世界で最も高額な値段がついた
本の作者は誰でしょう?

落札価格は、約30億円！
手放したという話は聞かないから、
おそらく今もビル・ゲイツが
所有しているはず。

A

レオナルド・ダ・ヴィンチ

拓哉　シェイクスピア?
かをり　路線的には近い。昔の有名な人。
拓哉　『ドン・キホーテ』を書いたセルバンテス?
かをり　あー、小説家ではない。
拓哉　ベートーヴェン?　いや、ダ・ヴィンチ!
かをり　正解!　ダ・ヴィンチはメモとかノートをたくさん残していて、その中のひとつの『レスター手稿』。36枚の紙を皮の表紙で綴じた手書きの本で、水理学を主体に天文学のことなんかが書いてある。
拓哉　ページはバラされているの?
かをり　たぶん。X線にかけて調査したりしてそう。最初にこの本を買った人の名前がレスターさんだったから『レスター手稿』と呼ばれているらしいよ。
拓哉　今まで買った中で一番高額の本は何?
かをり　『原色日本昆虫図鑑』かな。中古で2万円くらいだったかな。
拓哉　僕は『キャンベル生物学』かな。
かをり　ダ・ヴィンチってどんなイメージがある?
拓哉　シンプルに万能人だと思ってる。
かをり　解剖学もやっていたし、モナリザも描いたし。モナリザのモデルって諸説があるよね。絵を依頼した貴婦人説もあるし、弟子の中でダ・ヴィンチが愛していた手癖が悪い中性的な少年がモデルという説もあって。遺言でモナリザの絵を譲ろうとしたらしいから、この少年がモデルという説も強いよね。
拓哉　そうだね。
かをり　レオナルド・ダ・ヴィンチってヴィンチ村のレオナルドさんって意味なんでしょ。鹿沼市の拓哉ということで、後世で「鹿沼市」って呼ばれてたら?
拓哉　嫌だね(笑)。

河村拓哉出題

Q 50

ノーベル文学賞の受賞スピーチで、
シェイクスピアに触れて
「彼は自分が文学を書いているんだ
という意識は全く
頭になかったでしょう」
と言った人物は誰でしょう？

文学クイズ

シェイクスピアの妻の名前は、
アン・ハサウェイ。
映画『プラダを着た悪魔』や
『レ・ミゼラブル』などで知られる
女優と同姓同名なんだよね。

A

ボブ・ディラン

かをり　ボブ・ディラン？

拓哉　正解。2016年に受賞したときのスピーチ。

かをり　小説家じゃない受賞者なんだろうなって思った。私、ラジオに出るときに「かけてほしい曲を教えてください」と言われたら、ボブ・ディランの『ミスター・タンブリン・マン』をリクエストしてるんだよ。昔、うちの父はボブ・ディランが好きだと思い込んでいて、初めて私が父に買ってあげたCDにこの曲が入っていて。しょっちゅう車とかで流していたんだけど、本当に好きだったのはボブ・マーリーだったの。

拓哉　ボブしか合ってなかったんだ。

かをり　父はレゲエが好きで、若い頃はラスタカラーの帽子を被っていたらしい。でもボブ・ディランの曲、めっちゃいいんだよ。ボブ・ディランがノーベル賞を受賞したときに父に「好きだったよね、よかったね」と言ったら「俺が好きなのはボブ・マーリーだ」って返されて、それで間違いが判明した（笑）。

拓哉　ボブ・ディランのことはよく知らなくて、有名曲の『風に吹かれて』もノーベル賞受賞のニュースで聞いた記憶はあるけど、どんな歌かパッと浮かばない。

かをり　じゃあシェイクスピアの話する？　でも、シェイクスピアって、情報があまり残っていないよね。あまりにも作品数が多いから、複数人でシェイクスピアを名乗っていたんじゃないかって説もあるし。一応ひとりの人という設定で、デスマスクも残ってはいるけど、怪しいとされていて。

拓哉　シェイクスピアの雑学は、裏が取れるものがすごく少ないんだよね。

かをり　誕生日もはっきりしないし、自筆の原稿が残っていないのも謎めいているよね。

河村拓哉出題

Q 51

皇后として活動した後、
夫の死後である西暦690年には
自ら即位して女帝となった、
東洋史上の人物は誰でしょう？

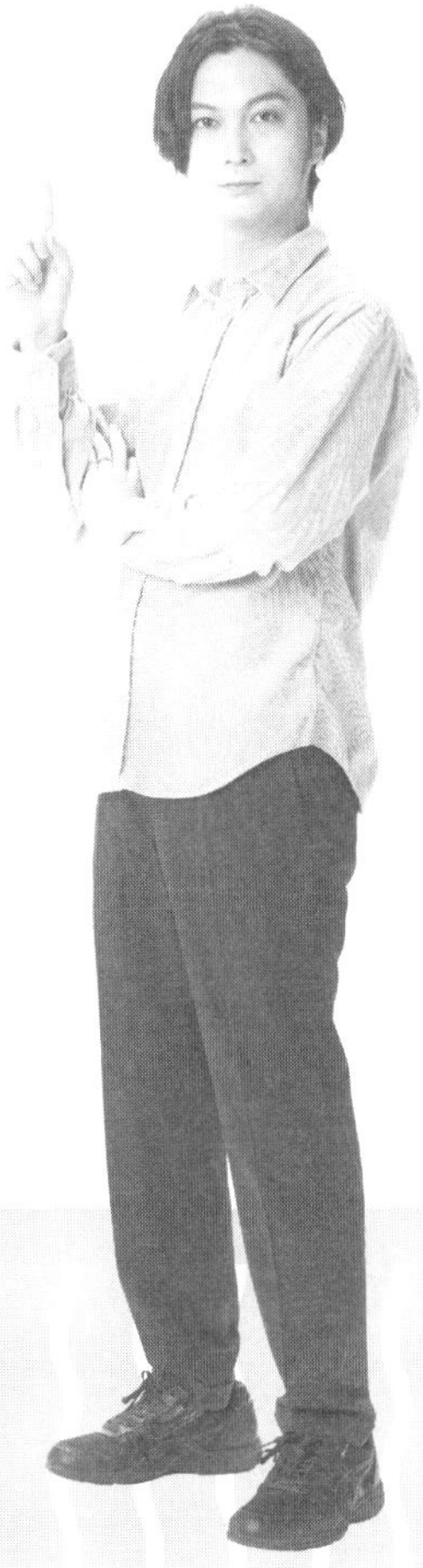

雑談が盛り上がりそうなクイズ
……という、この本のコンセプトに
基づいて考えた問題です！

A 持統天皇・則天武后（この条件でふたりいる）

かをり　東洋か。韓国には著名な皇后っていない気がするので、中国かなって思うんだよね。則天武后？

拓哉　正解。どうしてこの問題を出したかというと、ふたりいるから。正解は則天武后と持統天皇。

かをり　同時代に似たような環境の人が中国と日本にいたってことか。へぇ～、面白っ！

拓哉　持統天皇は夫の業績を引き継いだんだけど、則天武后は国の名前を変えたり、文字を作ったり。

かをり　やりたい放題じゃん。則天武后は子どもの頃めっちゃきれいだったってエピソードがあるけど、文字を作ってくる人の歴史って信用できなくない？　改竄（かいざん）されていそうな気がする（笑）。

拓哉　則天武后は元号も何度か変えたしね。

かをり　則天武后が生まれるとき、先に姉がいたから「次は男の子だ」という期待を込めて、両親が男児の服ばかり用意していたんだって。そしたら女の子が生まれて、仕方なく男の子の服を着せていたら、占い師が「この子、女の子だったら天下取るのにね」と言ったというエピソードを聞いたことがある。

拓哉　鋭いのか鋭くないのかわからない占い師だな。

かをり　則天武后はライバルを残虐な方法で処刑したあと、遺族の名前をヘビの一種の「蟒（うわばみ）」とか「梟（ふくろう）」とか侮蔑的なものに改姓させたんだって。文字にこだわりがある人だよね。処刑された人が「猫に生まれ変わって復讐してやる」と言い残したことから、猫を飼うことも禁止にしたらしい。

拓哉　天武天皇は、妻である持統天皇が病気になったときに薬師寺を造ったんだけど、自分が先に死んだという。あ、でも持統天皇に効果があったからいいのか。

かをり　よかったじゃん。願いが叶って。

篠原かをり出題

Q 52

現代ではお正月くらいしか見かけない「たこあげ」。江戸時代では庶民の間で大ブームでした。当時は別の名前で呼ばれていたのですが、それは何でしょう?

たこはあげて遊ぶだけじゃなくて、
軍の偵察用や、気象観測に
利用されたりもしていたよ。

A

いかあげ、いかのぼり

拓哉　イカ？

かをり　正解。いかあげ禁止になったときに「いや、たこだが？」って言い張ったことで「たこあげ」になったという説が一番強いんだよね。もうひとつ、関東が関西に対抗して「たこあげ」に変えたって説もある。

拓哉　なんで禁止になったんだっけ？

かをり　糸でケガする人が出て危険だったから。でも結局、禁止してもやめないから「もういいや」ってなったみたい。インドのグジャラート州で毎年たこあげ祭りがあって、ガラスコーティングした鋭利な糸を使っているから、首や手を切ってケガする人が多いんだって。2023年は6人死亡、176人が負傷したと。

拓哉　6人死亡！　怖いね。

かをり　うちのおじいちゃんは、京急線のたこあげ大会でトロフィー貰ってた。

拓哉　優勝のポイントは、空に浮いてる時間？　それとも高さ？

かをり　何だろう。美的観点かもしれないね（笑）。

拓哉　おじいさんは技術者だったんでしょ。

かをり　そう。企業に属する発明家で、特許も77個持っていた。子どもの頃、めちゃくちゃ飛ぶゴム鉄砲とか作ってくれたよ。

拓哉　楽しそう。いいね。

かをり　たこって、最初は鳥の鳶(とび)に見立てられていたらしいね。

拓哉　だってカイト（kite）はもともと、鳶の英語だから。鳶って風を受けて同じところにいるじゃん。そして、イカやタコの口のことを「カラストンビ」と呼ぶよ。はい、きれいにおさまった（笑）。

かをり　おあとがよろしいねえ（笑）。

河村拓哉出題

Q 53

1783年11月21日、モンゴルフィエ兄弟による熱気球の実験が行われ、史上初めて気球による有人飛行が成功しました（ちなみに搭乗したのはモンゴルフィエ兄弟ではない）。その10日後に達成された、人類の偉業は何でしょう？

モンゴルフィエ兄弟は、
気球の有人飛行はマジで危険だと思って、
最初は罪人を乗せようとしたんだけど、
「初飛行が罪人になるのもな～」
となって、志願した貴族が乗ったらしいよ。

A

ガス気球による初の有人飛行

かをり　こういう問題を出すってことは、似たような功績だったと思うんだよね。飛行機の有人飛行？

拓哉　残念。正解は、ガス気球の有人飛行でした。

かをり　熱気球とガス気球ってどう違うの？

拓哉　普通の空気を温めて軽くして浮かすのが熱気球で、水素とかもともと軽い気体を使って浮かすのがガス気球。

かをり　発明って近い時期に集中しがち。電話もタッチの差でグラハム・ベルが特許の申請をしたし。

拓哉　ベルの2時間後に電話の特許の申請に行ったのは、イライシャ・グレイでしょ。

かをり　そう。電話って、それより5年も前にイタリア人のメウッチが作っていたんだけど、経営難で特許申請料が払えなかったんだって。

拓哉　イタリアでは、電話はメウッチが考えたってことになっているんじゃない？

かをり　２００２年にアメリカの議会でも、電話はメウッチが最初に発明したことになったんだよね。ベルの申請の1カ月前にエジソンも申請していたんだけど、書類不備で通らなかった。

拓哉　エジソンは晩年、オカルト方面に進んで、霊界にいる死者と電話する方法を研究していたってね。

かをり　偉人の兄弟って、ふたり兄弟と思いきや、本当は何人もいる中のふたりってパターンが多くない？ライト兄弟も、すぐに亡くなった兄弟を入れたら7人兄弟だったし。モンゴルフィエ兄弟は？

拓哉　16人兄弟の12番目と15番目だって（笑）。

かをり　多いねー。グリム兄弟も早く亡くなった兄弟を入れたら9人兄弟の次男と三男。最近は挿絵を描いていた六男を入れることもあるみたい。

篠原かをり出題

Q 54

古代ローマで歯を磨いたり
洗濯をしたりするのに
使われたため、
課税対象にもなった
あるものとは一体何でしょう？

古代ローマでは、「爪の垢を煎じて飲む」
のフルパワーバージョンって感覚で、
アスリートの垢も人気アイテムだった
らしいよ。垢を塗ると良い効果が
あると思われていたんだって！

A おしっこ

かをり 本来は価値がなかったものに用途ができて価値が生まれてしまったんだよね。ポルトガルのものが一番品質が良いとされて高価で取引されていたよ。

拓哉 なんだろう？ コルク？

かをり 液状。シャバシャバ。ドロッとしてない。

拓哉 海水？

かをり いいえ。でも近くなった。

拓哉 尿！

かをり 正解！ しょっぱいからね。

拓哉 そうなんだ？

かをり おしっこを飲んだことないけど、塩分は入ってそうじゃん（笑）。おしっこは、歯を白くして虫歯を防ぐし、洗濯に使うと油分とかが落ちてきれいになると信じられていたんだって。

拓哉 ポルトガル人のが一番品質が良かったの？

かをり そうなんだって。尿って、腎臓で完全に濾過（ろか）したきれいな液体ではあるよね。汚いと考える現代人の常識のほうがむしろズレているのかもしれない。古代ローマは、フラミンゴやキリンを食べていたり、今では考えられないような生活をしていて面白いんだよ。ご飯の食べ方も、腹ばいで寝そべって食べては吐いてを繰り返すのが、最も贅沢で上品な作法であるとされていたんだよね。私も腹ばいでものを食べるのが大好き。でもこれをやると逆流性食道炎になる。

拓哉 なったじゃん。やめなよ。

かをり 私はローマ人としては生きられない（笑）。古代ローマは公衆浴場も充実していたしね。当時の垢すりって知ってる？

拓哉 布じゃなくて痛そうなヘラでこするんでしょ。

かをり あのヘラ、お土産として売ってるらしいよ。

河村拓哉出題

Q 55

国内が3つの国に分かれて戦った「三国時代」は中国や朝鮮の歴史にありました。では、同じく3つの国が争った「三山（さんざん）時代」はどこの国の歴史でしょう？

三山時代は、
1322年頃から1429年だよ。
さてどこの話でしょう？

A 琉球

かをり　私、行ったことありそう？

拓哉　ありそう。

かをり　国名で答えるのね？

拓哉　現在の国名で答えてもいいことにしましょう。

かをり　インド……あたり？

拓哉　琉球。日本って答えられたら嫌だなと思った。

かをり　ああ〜、なるほど。琉球王国か。そういえば戦っていたね。どういうふうに分かれていたの？

拓哉　北山、中山、南山。中山の尚巴志が統一した。

かをり　中学受験のとき、ドリルで見た記憶がある。真ん中の中山って、地理的に有利な気もするし、不利な気もする。

拓哉　あれだけ周囲が海だったら、海から攻められるから、陸の位置はあんまり関係ないのかも。

かをり　沖縄って、あまり太くて大きな樹が育たないイメージなんだよね。船造るの大変そう。

拓哉　貿易で船ごと買っていたのかな。

かをり　沖縄は小学校のときに修学旅行で行って、その後、家族旅行でも行った。ドリアン農家をやっているうちの父が、ドリアンを石垣島で育てる計画を立てているから、これからよく行くようになるかも。

拓哉　沖縄料理では、海ぶどうとミミガーが好き。ミミガーって最近はコンビニでも買えるから、ありがたみを感じずにボリボリ食べてる。

かをり　私は旧暦12月8日に食べられる、月桃の葉に包まれたムーチーっていうお餅が大好き。兄が鬼になって人を襲ってしまうから、妹が鉄釘入りのムーチーを兄に食べさせて弱ったところを海に蹴り落とした……みたいな伝説が残っているお菓子なんだけど、優しい甘さでおいしいんだよ。

篠原かをり出題

Q 56

イギリスの情報学者
ウィリアム・タンストール＝ピドーが
開発したアルゴリズムによると
1954年4月11日は
20世紀の中で最もどんな日と
いえるでしょう？

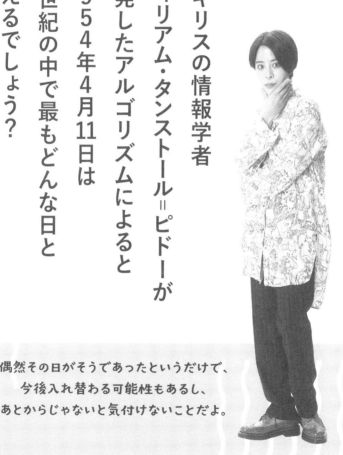

偶然その日がそうであったというだけで、
今後入れ替わる可能性もあるし、
あとからじゃないと気付けないことだよ。

A 最も何もなかった日

拓哉 アルゴリズムってことは、日付自体にはそんなに意味はないよね？

かをり ない。年代もほぼ関係ない。更新するものだから、もしかしたら今日がその日だったかもしれない。

拓哉 そんなに急にパッと変わるものなんだ。「その日に生まれた人が一番人生の幸福度が高い」。

かをり その日に産んでほしかったよ（笑）。あとで1日ずれていたと気付いたらめっちゃ悲しくない？ まあでも、私的にはいいことだと思うな。「そういう日があってもいいよね」っていう。

拓哉 人口に関係しますか？

かをり ほぼしない。降参でもよろしくってよ。

拓哉 人類史ですか？

かをり 有史。ちなみに、私たちが結婚した日は、ここにはランクインしないだろうなと思う。

拓哉 「結婚した人が最も多かった日」。

かをり 違います。

拓哉 「最もニュースが少なかった日」。

かをり 正解。答えは「歴史上最も何もなかった日」。著名人も生まれていなくて事件も起きていない日。ベルギーで選挙があって、サッカー選手が死亡し、トルコ人の科学者が生まれてはいるけれど、歴史上で考えるとニュースがない日らしい。私たちが結婚した日は、安倍元首相が襲撃されるという大ニュースがあった日だったでしょ。

拓哉 そうだったね。歴史上最も何もなかった日の前日や翌日って何か大きな事件はあったのかな……あ、前日にリュミエール兄弟の兄が亡くなっている。ちなみに1954年4月11日は大安だそうです。

かをり えー、良き日じゃん。

河村拓哉出題

Q 57

フランス国王「ルイ14世」。
絶対王政の全盛期に君臨し、
「太陽王」と呼ばれました。
彼が「太陽王」と呼ばれるように
なったきっかけは何でしょう？

ルイ14世は文化に力を入れていて、
ベルサイユ宮殿を建て増したりもしたけれど、
大きな業績を上げたから
「太陽王」と呼ばれたわけではないよ。

A
バレエでアポロンの役を演じた

かをり　太陽の役を演じたから。

拓哉　正解！　バレエでアポロンを演じたから。

かをり　何で知ってたかというと、宝塚で見たことがあるから。『CASANOVA』だったかな。劇中劇で、ルイ14世役が太陽の衣装を着て踊るシーンから始まるんだよ。

拓哉　宝塚で見てたとは……。

かをり　ルイ14世ってめっちゃ汚いんだよね。お風呂も入らないし、歯もない。主治医が「歯は全ての病気の温床になる」という価値観の人で、親知らずを抜く感覚で全部の歯を抜いていたんだよね。

拓哉　食べられるものが偏るね。

かをり　身長が低いことも気にしていたみたい。肖像画で激しく高いハイヒールを履いていたから、身長コンプレックスがあったんじゃないかと後世の人に推測されてしまったという。履かなきゃバレないのに。

拓哉　ルイ14世が長く王様をやりすぎたから、ルイ15世はルイ14世のひ孫なんだよね。

かをり　〇〇王って、ほかにどんなのがあった？

拓哉　スマホで調べてみてよ。

かをり　失地王、禿頭(とくとう)王、肥満王、怠惰王……、獅子王は有名だね。美男王は恥ずかしいな。呼ばれたら「やめてくださいよ～」ってなりそう（笑）。善良王ってのもすごいな。陰湿だから蜘蛛王とか。シャルル6世は親愛王と狂気王とふたつの呼び名を持っている。あ、Bluetoothの語源になった青歯(せいし)王ってのもいたね。

拓哉　青歯王は、デンマークとノルウェーを平和的に無血統合した王様だから、無線通信規格をひとつに統合させたいという願いを込めて、Bluetoothって名前にしたらしいよね。

篠原かをり出題

Q 58

共に兵士が死なないことで知られる、
アケメネス朝ペルシャに存在した
不死部隊とビザンツ帝国に存在した
不死部隊はそれぞれ違う理由で
そう呼ばれています。
それは何でしょう?

アケメネス朝ペルシャ(前550年〜前330年)は、
遊牧イラン人が建設し、4つの国に分かれて
いた古代オリエントを統一した世界帝国だよ。
ビザンツ帝国は、ローマ帝国を継承する形で
始まり、7世紀頃からビザンツ帝国と
呼ばれるようになったよ。

A

〈アケメネス朝ペルシャ〉死んでも人員を補充して人数が変わらない〈ビザンツ帝国〉すぐ逃げることから戦死者が出ない

拓哉　アケメネス朝はすごく軍事的な性格を持っているイメージはある。

かをり　軍事的に優れていたというのは、正しい。

拓哉　バカクソ強くて、そもそも倒せないから不死部隊と呼ばれたというのがアケメネス朝ペルシャで、ビザンツ帝国はすぐ逃げるから死なずに済んだ。

かをり　ビザンツ帝国のほうは当たり。逃亡した兵士とかあらゆる理由で正規軍から外れた弱めの兵士で構成されていた部隊だったから。揶揄なんだよね。

拓哉　アケメネス朝ペルシャは、兵士がいっぱいいいて替えがきくから？

かをり　正解。1万人の兵士がいたんだけど、亡くなったらその分必ず補充していたから人数が変わらなかったんだって。傍目に見たら「いつも1万人いるな、死なないんだろうな」って。こういう面白い特徴を持つ軍隊って、ほかにもご存じ？

拓哉　スパルタは、一握りの特権階級の人たちが周りをこき使っていたんだけど、どうやって反乱を防いだかというと、特権階級の人がめっちゃ筋トレしてたんだって。筋トレして、反乱されても絶対勝てるように肉体を鍛えておいて、下々の者をたまに殺しておくというシステムで支配していたと。

かをり　怖っ。古代エジプトは猫を大事にする文化だったから、ペルシャ軍が猫を盾に縛りつけて、エジプトの猫好きの兵士が攻撃できないようにしていたというのを読んだ記憶がある。でも実際は、盾に猫の絵を描いたくらいのことで、踏み絵に近い感じだったんじゃないかな。

拓哉　踏み絵は春の季語。年1で春にやっていたから。

かをり　へえ～。

歴史クイズ

河村拓哉出題

Q 59

日本史上、「留守政府」があった時代は何時代でしょう？

「政府」が誕生して以降のこと……と考えたら、わかるかな？

A

明治時代

かをり　留守って呼ばれるからには、政府に対して不満が溜まっていそう。政府があって不満が溜まっているってことは、幕末のイメージ。

拓哉　江戸時代にしますか？

かをり　はい。

拓哉　正解は、明治時代。岩倉使節団が欧米に行っちゃって、シンプルに留守だったんだよ。

かをり　なるほど！　揶揄ではなく。

拓哉　岩倉使節団は、岩倉具視、木戸孝允、大久保利通、伊藤博文……ってめちゃくちゃ偉い人だらけで。このメンバーがいなくなったら日本ヤベえなってくらいの人が欧米に行っちゃってた。

かをり　昔、歴史漫画で読んだ、欧米に行ったことで岩倉具視がマゲを切って散切り頭にするエピソードがすごく印象に残っているんだよね。岩倉具視が「マゲ頭のせいで日本は文明が進んでいないと思われる」と周囲の人に言われて髪を切るんだけど、それを岩倉具視に進言できるメンバーがいたことがすごいなって。普通、上司に「髪を切れ」って言えないよね。

拓哉　言えないね。「ハゲてる」も言えない（笑）。

かをり　だから、岩倉具視と肩を並べられる人がいたんだなとは思っていた。

拓哉　使節団が帰ってきてから、留守政府側の板垣退助、大隈重信、西郷隆盛たちが政府を辞めたんだよね。

かをり　どのくらいの期間行ってたの？

拓哉　留守政府は、明治4年の11月から明治6年の9月。約2年だね。

かをり　結構長いね。それだけ留守にしたら、色々すれ違ってしまうかも。西郷さんも「やっとられん」ってなったんだろうね。

篠原かをり出題

Q 60

青森県の旧・戸来(へらい)村(現・新郷(しんごう)村)には
ある意外な歴史上の有名人の
墓があると言われています。
それは誰でしょう?

新郷村のホームページは、
「これ、村の公式か?」と
驚く作りになっているから、
クイズに答えたあと見てみてね。

A イエス・キリスト

拓哉　キリスト。実は殺されたのはキリストの弟のイスキリだったと主張してるんでしょ。

かをり　そうそう。実はキリストは死んでいなくて、日本に来て、長く生きて……という。でもさ、キリストは3日後に復活して弟子とかに会いに行ってるんだから、死んだのはキリスト本人でもよくない？

拓哉　そうだよね、どうせ復活するんだから。この村にはエジプトより古いピラミッドもあるらしいよ。

かをり　地図見てたら、「キリストっぷ」ってお土産屋さんもあったよ（笑）。私、幼稚園から高校までずっとカトリックの学校に通っていたから、キリストの雑学は持ってるほうだと思う。一般的には、裏切り者はユダひとりってことになっているけど、弟子のペテロも裏切るんだよね。だから映画とかで「この中に裏切り者がいる」ってなったとき、「実はひとりだけとは限らない」と思うようにしてる。

拓哉　そうなんだ。

かをり　キリストのエピソードで圧倒的に好きなのは、「カナの婚礼」という水をワインに変える奇跡の話。結婚式でワインが足りなくなって、どうしようとなったときに、キリストが水をワインにしてくれて、そのワインがめちゃくちゃおいしかったんだって。「普通はいいワインからお客さんに出して、酔っ払って味がわからなくなってから微妙なワインを出すものなのに、この家はいいワインをあとから出すなんて」とお客さんに言われたと。ワインを飲んで「いいか悪いかわかんない」と思うたびにこの話を思い出す。

拓哉　格付けチェック、苦手そう。

かをり　序盤に飲んだワインより後から飲んだワインのほうがおいしいと思える人はすごいよねえ。

河村拓哉出題

Q 61

地理クイズ

以前は3メートル低いと考えられていた、北海道の日高山脈にある標高1842メートルの山は何でしょう？

登山家に人気の山で、
北海道百名山に入っているよ。
「3メートル低いと考えられていた」
が大きなヒント。

A 1839峰（いっぱーさんきゅうほう）

拓哉　知らないと思うけど、頑張ったらわかるから。

かをり　何で3メートル低いと考えられていたか？が重要な気がする。

拓哉　計測ミスだそうです。

かをり　なんだ。名前が面白い系か。北海道って変わった地名が多いからね。片仮名の名前ですか？

拓哉　いいえ。そういう付け方もあるんかっていう。

かをり　山の見た目に関係してる？

拓哉　関係してない。正解は、１８３９峰。

かをり　計算して3メートル減らせばよかったのか。

拓哉　高さをそのまま名前にしていたら、計測ミスがわかったと。マジで付けた名前じゃなかったんだと思う。近隣に１５９９峰とか、１８２３峰もあったし。

かをり　山がありすぎて、関心がないのかな。ほかにも面白い名前の山があるか、スマホで調べてみようっと。わ、貧乏山だって。昔話っぽいね。横領山（よこどりやま）っていうのもある！　面白山という名前の白い山もある。別に面白いわけじゃない。

拓哉　野口五郎岳は知ってる？　野口五郎の芸名の由来になった山。

かをり　へえ、先に山があったんだ。沖縄の石垣市にある、ぶざま岳は嫌な名前だな……。いや、無様って意味じゃなくて、尾っぽっていう意味の「ぶざーま」という方言から付いた名前と書いてあったわ。「岳」と「山」と「峰」の違いって何？

拓哉　わかんない。

かをり　（スマホで調べて）独立した山だと「山」と付くことが多くて、山脈だと「岳」が付くことが多くて、「峰」は高い山に付く傾向にあるみたいなんだけど、厳密にそうとも言えないんだって。

篠原かをり出題

Q
62

地理クイズ

両国国技館は東京都墨田区にある、紛らわしい町名の場所にあります。両国国技館がある町の名前は何でしょう?

隅田川と墨田区、「スミ」の漢字が
違うのは1947年に墨田区が
できるとき、当時「隅」という漢字は
当用漢字じゃなかったため
使えなかったからなんだって。

A

横網（よこあみ）

拓哉　横網。

かをり　正解。知ってた？

拓哉　知ってた。これは『トリビアの泉』でやってた。

かをり　国技館は、1985年に横網に移転したんだよね。たまたま偶然この住所に移ったみたいだね。

拓哉　住所書き間違える人、多そう。

かをり　通常でも「網」と「綱」、「荻」と「萩」は間違えがちだもんね。横網の町の住所プレートは、赤字で「あみ」って読み方のルビが振ってあったよ。

拓哉　この住所の名前の由来は、漁業に関連している説があるんだって。

かをり　海苔がとれていたって説があるよね。

拓哉　でもよくわからない。強くなさそうな諸説あり、だから。本当かな。

かをり　相撲、前から好きだよね。

拓哉　うん。大相撲中継、結構見てる。

かをり　両国国技館、去年（2022年）の秋場所のマス席の券が手に入って見に行ったら面白かったから、今年の1月にも見に行ったよね。マス席のときはお土産も付いていて、相撲見ながら焼き鳥食べたよね。

拓哉　おいしかったね。

かをり　終わってから国技館の地下の大広間にちゃんこを食べに行ったら、先にいた客のマダムが「今日のは何部屋風ですか？」と聞いて、お店の人が「八角部屋風だよ」と答えていて。通っぽい会話〜と思った。

拓哉　でも、八角部屋はずっとあの味なのかな。同じ味だと飽きそうだよね。今日は醤油味とか今日は味噌味とか、毎日替えるはずだよね？

かをり　その部屋の代表作があるんじゃないの？

拓哉　うちの名物はキムチバター味です、とか（笑）。

河村拓哉出題

Q 63

地理クイズ

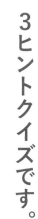

3ヒントクイズです。
このアメリカの州はどこでしょう?

❶世界で唯一の一般公開された
ダイヤモンド採掘場があります。

❷全米50州の中で、米の生産量トップです。

❸全米50州の中で、
広辞苑の掲載順がトップです。

英語でライスケーキといえば
餅のことなんだけど、
最近はポン菓子を固めたようなお菓子も
ライスケーキと呼ばれていて、
アメリカで流行っているらしいよ。

A アーカンソー州

かをり　最初のヒントで一瞬、アラスカかなと思ったけど、米が育たなそうだし……アーカンソー州。

拓哉　正解。

かをり　意外に米がとれる地域ってあるよね。エジプトって砂漠のイメージがあるでしょ。でも、ナイル河の上流のヌビア地方では、稲作が盛んなんだよ。

拓哉　細長いインディカ米なの？

かをり　インディカ米は輸出用に2割程度だけ作っていて、基本は「ヤバニ」という名前のジャポニカ米を元に品種改良したお米。ヤバニはアラビア語で日本という意味なんだよね。米はエジプトの名物料理の「コシャリ」で使うから。

拓哉　どういう料理なの？

かをり　米とパスタと豆なんかで作る炭水化物の爆弾みたいな料理。エジプトは成人の肥満率が高いんだよ。

拓哉　（スマホを見て）「マダガスカルから漂流した船乗りがアーカンソー州で稲作を始めた」って書いてあるけど、本当か？　ゴールドラッシュでアジアの人がアメリカに来たから米の需要があったんだって。

かをり　なるほどねー。（スマホを見て）アメリカ米っていうのもあるんだね。米米（べいべい）だね（笑）。世界の米の生産量1位ってどこなの？

拓哉　中国じゃないの？

かをり　インドも米食べるよ。（農水省のサイトを調べて）はい、中国が1位でインドが2位でした。3位がインドネシア。

拓哉　日本は何位なの？

かをり　10位。4位バングラデシュ、5位ベトナム、6位タイ、7位ミャンマー、8位フィリピン、9位ブラジル、10位日本で、次がアメリカだって。

篠原かをり出題

Q
64

地理クイズ

ベネズエラのマラカイボ湖沿岸は1時間で最大3600回もある気象現象を観測できることで知られています。それは何でしょう？

1年の半分くらいこの
気象現象が起こるので、
観光資源にもなっているよ。

A

雷

拓哉　雷。

かをり　正解。よくご存じで。この雷は音がなくて光だけなのが特徴で。雷が観光資源だったのに、2010年代に光らなくなったことがあって、住民が心配したらしいんだけど、また復活したんだって。雷の光が昔は灯台の代わりに使われていて、「マラカイボの灯台」と呼ばれていたらしい。

拓哉　マラカイボ湖に注ぐカタトゥンボ川の河口付近で起こるから「カタトゥンボの雷」とも呼ばれてる。巨人にいたゴンザレスがこの雷で死んでしまったよね。

かをり　ええ〜っ！　観光で？　地元の人なの？

拓哉　詳しくないけど、ベネズエラ生まれではある。

かをり　調べたら、1分間に最大28回も落雷したと書いてあるよ。見たいけど怖いね。ベネズエラには「雷様にへそを取られる」みたいな言い伝えはないのかな。

拓哉　北欧神話には、トールという雷神がいる。

かをり　いたね。でもやっぱり雷の神といえば、ゼウスが一番有名な気がする。人類に火をもたらしたのは、稲妻だって言われてない？

拓哉　最初は雷とか山火事とか偶然の火を利用したと言われていて、そのあと自ら火を起こせるようになったことで、焼いた肉を食べられるようになった。

かをり　生肉は硬いから食べるのに時間がかかったけど、焼いた肉は軟らかいから早く食べられて、効率がいいんだよね。焼いた肉は、生より安全だし。

拓哉　アフリカの類人猿は、1日のうち5時間以上生肉を咀嚼(そしゃく)していて、2時間休息を取るらしい。

かをり　それは大変。でも生肉食べてた初期人類はそうだったんだろうね。顎が発達しそう。今後の人類はますます顎が細くなっていくと、よく言われるよね。

河村拓哉出題

Q
65

地理クイズ

大量の丸太が地面に打ち込まれていることから、「逆さにすると森ができる」と言われる都市はどこでしょう?

打ち込んだ丸太の上に
石を積んで、その上に建造物を
建ててできた街だよ。

A ヴェネツィア

かをり 日本？

拓哉 いいえ。

かをり 木造建築って日本のイメージだったから。丸太が朽ちない環境の国って絞られる気がする。木材資源がたくさん用意できる国ってことだもんね。ヨーロッパは石の文化じゃん？　南米かアジアだと思う。

拓哉 いやー、ヨーロッパです。

かをり ヨーロッパなの!?　木のイメージがあるところ……あ、北欧か！

拓哉 いいえ。地面に木の杭を埋め込みたい都市。

かをり どこに埋め込みたいんだ。軍事的なこと？要塞を作りたいとかではなく？

拓哉 うん。

かをり 必要性を感じるのは、水の都のヴェネツィアかなと思うんだけど……。

拓哉 正解。

かをり そうなんだ。でも木が腐りそうと思って。

拓哉 木が腐るのは空気に触れるからなんだって。水の中だと腐らないらしいよ。木の上に海水に強いイストリア石を置いて補強してるし。

かをり それはいつからやってる話？

拓哉 １４００年前くらいから、らしいよ。

かをり 街の歴史が始まったときから、丸太を埋め込んでいたんだね。じゃあ、木でできた沈没船も腐らないってことか。タイタニックはさすがに木製じゃないけど……。（スマホで調べて）タイタニックは崩壊が進んで、数十年後には消滅するって出てきた。

拓哉 タイタニックから金属を腐食する新種の細菌が見つかって、それが船の劣化を早めているって話もあったよね。

篠原かをり出題

Q 66

地理クイズ

1659年にピレネー条約が結ばれたフェザント島は2月から7月までと8月から1月までであることが変わります。何が変わるでしょう？

フェザント島には住民がいなくて、
この島は会議とか会合のために
使われているんだって。

A

2月から7月はスペイン統治、8月から1月まではフランス統治

拓哉　どこの国の領土かが変わる？

かをり　厳密には違うけど、大体そんな感じ。国境は変わらないんだよね。統治している主権が変わる。

拓哉　へえ。仲良くやってます感を出すために？

かをり　そうそう。ピレネー条約は、三十年戦争の終結後、フランスとスペインが締結した講和条約なんだけど、島の主権が変わるのは世界で唯一で、共同統治としては世界で一番小さな島なんだって。

拓哉　映像を見たことがあるな。

かをり　ぬるい争いが続いている島ってあるよね。「ウイスキー戦争」って知ってる？　争っているふたつの国の軍隊が、お互いに自分の国のウイスキーを置いて帰るってやつ。領土争いなんだけど……（スマホで調べて）、あ、2022年に終結してた！

拓哉　何で？

かをり　合意署名をして終結させたことで、ウクライナの国境変更を試みるロシアを批判したみたい。1973年にカナダとデンマークの間で始まった、領土争いだったんだけど、普通に分割領有することになったんだって。「最も消極的で積極的な領土紛争」とか「友好的な戦争」と呼ばれて、最初はカナディアンウイスキーを挑発のために置いていたんだけど、デンマークのシュナップスを応戦で置いているうちに、慣例になったらしい。ここも無人島だったんだけど。

拓哉　無人島に行ったことあったよね？

かをり　ある。クイズ王の古川洋平とかと島を脱出する企画で。いかだに乗って脱出を試みたんだけど、まだ古川さんがダイエットする前の巨漢だった頃で、もうひとりの人は船酔いしてるし「私ひとりだったら脱出できるのに！」って思った（笑）。

河村拓哉出題

Q 67

地理クイズ

「アフリカで最も有名な日本語」という文脈でたまに話題になる、交通に関係したセリフといえば何でしょう？

「交通に関係している」
というのが大きなヒントだよ。
これは答えを
知ってる人が多いかも？

A 「ETCカードが挿入されていません」

かをり　「ETCカードが挿入されていません」。

拓哉　正解！

かをり　中古の日本車がいっぱい走っているんだよね。ロケでスリナムに行ったときもやっぱり日本車がいっぱい走っていて。どこかの幼稚園のバスとかがそのまま塗装を変えずに走ってた。

拓哉　佐川急便と書いたトラックが走ってるとか聞くもんね。この問題は、正解できるだろうなって思ったけど雑談が広がりそうな問題かなと思って。

かをり　絶対に正解できない難解な問題ばかりだったら、本を読んだ人が「一体何を言ってるの？」ってなって面白くないもんね。前に千鳥の番組で、エチオピアの制作会社に番組を丸投げして作ってみたら……ってやつが話題になったじゃん。あんな感じになりそう。

拓哉　『相席食堂』でしょ。インジェラっていうエチオピアの料理の作り方を現地の人が説明しているんだけど、「オフチョベットしたテフをマブガッドしてリットにします」って（笑）。

かをり　そうそう。わからない単語でわからないことを説明するという。（スマホで調べて）オフチョベットが粉末状にすること、テフはイネ科の穀物、マブガッドが水と混ぜた状態、インジェラの素をリットと呼ぶんだって。

拓哉　そうなんだ。

かをり　私は車に詳しくないんだけど、どのタイミングでその言葉を話しかけてくるの？

拓哉　エンジン入れたら言ってくる。

かをり　アフリカに行った日本人が「ETCカードが挿入されていませんって、どういう意味なの？」って聞かれることがあるんだって。

篠原かをり出題

Q 68

地理クイズ

ブラジルにある
ケイマーダ・グランデ島は、
その危険さから一般人の上陸が
禁止されています。どんな
危険が待ち受けているでしょう？

ケイマーダ・グランデ島の
面積は 0.43 平方キロメートル
（東京ドーム 9 個分程度）で、
1909 年に無人化したよ。

A 猛毒のヘビが大量にいる

拓哉　毒ヘビがめっちゃいる。
かをり　正解。ゴールデン・ランスヘッドという近絶滅種の希少な毒の強いヘビが、1平方メートルに1匹、所狭しといるんだって。外部の人が上陸しようとすると弓矢を持った住民に攻撃されるという噂の北センチネル島と並ぶ、上陸してはいけない島と言われてる。
拓哉　ケイマーダ・グランデ島は人口0人でしょ。
かをり　そう。昔は灯台守の人が住んでいたんだって。海軍と研究者しか入れない島なんだけど、海賊の隠したお宝があるんじゃないかっていう言い伝えもある。
拓哉　宝を守るために毒ヘビを放したって説もある。
かをり　この島のヘビじゃないけど、「ヒャッポダ」と「ヒバカリ」というヘビがいてね。咬まれたら100歩のうちに死ぬと言われているからヒャッポダで、咬まれたらその日ばかりの命だと言われているからヒバカリなんだけど、ヒバカリは毒を持っていないんだよ。
拓哉　誤解されてて、かわいそうだね。
かをり　毒ヘビの毒の強さランキングの上位にはウミヘビが入る。海で一番怖いのはウミヘビなんだよ。
拓哉　ウミヘビって、ウミヘビという名前の魚とウミヘビって名前のヘビがいて、ごっちゃになりやすい。
かをり　ではクイズです。沖縄のウミヘビの汁、イラブー汁は、どっちを使っているでしょう？
拓哉　ヘビのほう。
かをり　正解！
拓哉　魚のほうは、小骨が多くて身が少ないんだって。
かをり　へえ。一時期バラエティーでよく使われていたアカマタっていうヘビは、毒はないけど気性が荒くてすぐに咬むんだよ。今は人間とヘビと両方への配慮で、バラエティーでヘビを見ることが減ってきたよね。

河村拓哉出題

Q
69

地理クイズ

3ヒントクイズです。
この神社はどこでしょう？

❶宮司は代々クレー射撃の選手で、石原奈央子さんは東京2020オリンピックにも出場しました。

❷天狗の信仰で全国的に有名で、御朱印も人気があります。

❸栃木県鹿沼市にあります。

石原奈央子さんは
30代前半で競技を始めて、
41歳のときリオ五輪にも
出場しているよ。

A

古峰（ふるみね）神社

拓哉　選手としての石原奈央子さんが所属しているのもこの神社で、所属名が（株）みたいに「（宗）〇〇神社」と書かれていたよ。

かをり　最初のヒントで三十三間堂かと思ったけど、天狗と聞いて違うな……と。そして鹿沼市だもんね。わからない。

拓哉　答えは、古峰神社でした。

かをり　へえ。行ったことない。鹿沼はうちの父の出身地で……。

拓哉　僕の出身地でもある。

かをり　面白いね。鹿沼は最近、シウマイで売り出しているよね。宇都宮の餃子に対抗しているのと、崎陽軒の創業者の出身が鹿沼らしくて。あと２０１６年に、ユネスコの無形文化遺産に今宮神社の鹿沼秋まつりが登録されたよね。

拓哉　（スマホで地図を見ながら）鹿沼市のどこにあるのかな？　僕も行ったことないんだよね……。あ～市街地のだいぶ西だな。

かをり　最寄駅がない感じだね。

拓哉　行くならバスだね。

かをり　代々クレー射撃の選手だったってことは、石原選手の親もオリンピックに出たりしてるの？

拓哉　お父さんの石原敬士さんは、２回オリンピックの日本代表選手に選ばれていたんだけど、１９６８年のメキシコオリンピックのときはクレー射撃協会の不祥事があって出られなくて、１９８０年のモスクワオリンピックは日本がボイコットして出られなくなったんだって。

かをり　結局１回も出られなかったんだ。残念だったね。娘さんは出られてよかったね。

篠原かをり出題

Q 70

地理クイズ

2008年にオランダ発アメリカ行きのアメリカの航空会社の飛行機に乗って、カナダ上空でウガンダ国籍の女性が出産するニュースがありました。生まれた子どもはどこの国籍を選ぶことができたでしょう?

エアアジアが機内出産をした母子に、
飛行機代を一生無料にする航空券を
プレゼントしたという話も
聞いたことがあるよ。いいな〜。

A

アメリカ、カナダ、ウガンダ

拓哉　航空会社がアメリカだからアメリカと……。ウガンダ人が産んだら、ウガンダは国籍くれるよな。答えはアメリカとウガンダで。

かをり　正解は、アメリカ、ウガンダ、カナダでした。

拓哉　おお、カナダも選べるんだ。

かをり　出生地国の国籍を選べる「出生地主義」のカナダの領域だったからね。日本は両親のどちらかが日本人じゃないと日本国籍を得られない「血統主義」だから、日本の航空会社の機内や日本の上空を飛んでいたときに出産したとしても、国籍を日本にすることはできないんだよね。「出生地主義」の国の航空会社の場合、飛行機内もその国の領域ってことになるから、この場合「出生地主義」のアメリカ国籍も選べる。結局このウガンダ人は、カナダ国籍を選んだらしい。

拓哉　へえ。

かをり　妊娠週数によって飛行機に乗れないとか医師の同伴が必要とか決まりがあるんだけど、子どもをアメリカ国籍にしたい台湾人が妊娠を隠して飛行機に乗って機内で出産して、アメリカ国籍は取れたんだけど、母親が強制送還されるという事件もあった。

拓哉　ほーう。

かをり　１９９１年にイギリス人女性が里帰り出産をしようと予定日の６週間前に飛行機に乗ったら、産気づいて機内で出産したこともあって。そのとき機長が「新たな乗客が搭乗しました」とアナウンスしたという話がすごく好き。その子はイニシャルがＳＫＹになるように名付けられたんだって。

拓哉　粋な機長だね。

かをり　でも生まれたての赤ちゃんのパスポートってどうするんだろうね？

河村拓哉出題

Q 71

常用漢字のうち、
通用字体に2点しんにょうが
含まれている3つの漢字は、
「遡」「遜」と何でしょう?

現在の常用漢字は、
2010年に公示された
改定常用漢字表に含まれる
漢字2136字のことだよ。

A

謎

拓哉　しんにょうは、昔は2点で書くことが多かったんだけど、1981年に常用漢字表を定めたとき、「常用漢字のしんにょうの点はひとつにします」となったのね。そのとき常用漢字に入らなかった漢字は2点しんにょうのままワープロやパソコンのフォントになったんだよ。

かをり　なるほど。

拓哉　で、2010年に常用漢字表が改定されるとなったときに、2点しんにょうの付く3つの漢字が常用漢字に加わることになったんだけど、パソコンのフォントを直すのは大変だから、この3つの漢字は2点しんにょうのまま常用漢字表に入ることになったと。その漢字は、「遡」「遜」と何？　という問題。

かをり　それは、よく使う漢字？

拓哉　よく見る。

かをり　わからない。何？

拓哉　正解は、「謎」。

かをり　へえ〜！「謎」が答えなんて、すごくきれいな問題じゃん。私は謎解きのアトラクションにはあまり行かないから、「よくは見ないよ」と一瞬思ったけど、「ミステリー」の直訳は「謎」だったね。私、ミステリーハンターだったわ（笑）。

拓哉　謎解きにしか使わない漢字じゃないから（笑）。

かをり　しかも「謎」って漢字は、「しんにょう」より「ごんべん」のイメージだから、思いつかないよ。じゃあ、「遡」「遜」「謎」以外の2点しんにょうの漢字は、常用漢字じゃないってこと？

拓哉　そうだよ。で、この3つの漢字は、手書きのとき1点で書いても間違いではない。

かをり　そうなんだ！

篠原かをり出題

Q 72

言語クイズ

物事が中途半端な様子をさす「尻切れとんぼ」とは、昆虫のトンボではなく、何のことでしょう？

トンボって蚊を食べてくれる益虫と言われているし、
前にしか進まないから「勝ち虫」と呼ばれて、
日本では縁起がいいものとして捉えられることが
多いけど、西洋では「魔女の針」とか
「ドラゴンフライ」とか、怖いイメージで
呼ばれていたりもするんだよね。

A

草履(ぞうり)

かをり　お尻が切れた体が短いトンボを見て言った言葉なのかな？　と思って調べたら、昆虫のトンボじゃなかったんだよ。

拓哉　へえ。印刷するとき仕上がりサイズを示すマークのことをトンボって呼ぶよね。それのこと？

かをり　いや、グラウンドを整備するやつもトンボって呼ばれているけど、あれでもない。この答えは、現代ではあまり見なくなったものです。たまに見ることもあるけれど。形状はトンボの羽に似てる。

拓哉　日本？

かをり　トンボは昔「秋津」と呼ばれていて、『日本書紀』で神武天皇が、本州の形はトンボが交尾している形に似てると言ったことから、日本は秋津洲(あきつしま)と呼ばれていたけれども、日本じゃない。

拓哉　杵(きね)？

かをり　うーん、全体の形じゃなくて一部分がトンボの羽に似てるものなんだよ。

拓哉　袴(はかま)？

かをり　すごく近づいた。

拓哉　甲冑？　いや、ふんどし？　鼻緒？

かをり　……そう、草履。かかとがはみ出す短い草履があって、それをトンボ草履って呼んでいたんだって。鼻緒の部分がトンボに似てるから。

拓哉　痩せそう。

かをり　たしかに、履く部分が短くて体幹が鍛えられるダイエット用のスリッパってあるけど（笑）。動物って爪先立ちで歩くことが多いでしょ。接地する面積が狭くて前のめりになるトンボ草履のほうが、野山ではサクサク歩けたみたい。

拓哉　へえ～。

河村拓哉出題

Q 73

言語クイズ

「植物の中心にある仁」を表す英単語と「陸軍などにおける大佐」を表す英単語に共通する発音は何でしょう？

梅干しの種の中に入っている
白い「天神様」ってあるでしょ。
あれが「仁」だよ。

A

カーネル

［kə́:rnl］

かをり 大佐？「サー！」「イエッサー！」って言われてるイメージ。「サー」は上官だったかな。

拓哉 とうもろこしの粒も、種の仁と同じ単語で表すらしい。

かをり 大佐の英語って何だっけ。よく聞く？

拓哉 ある文脈でよく出てくる。

かをり 英語も日本語もできないのがバレて、いやだな。何文字？

拓哉 カタカナだと、4文字かな。ヒントを出すと、名誉称号をケンタッキー州から与えられている人が有名です。像がそこかしこにある。しかも道頓堀にぶん投げられたりもしてる。

かをり え？ カーネル・サンダースって名前じゃないんだ？ カーネル＝大佐ってこと？

拓哉 名前はハーランド・デイヴィッド・サンダース。

かをり へえ～！ ケンタッキーと聞いて思いつくのはフライドチキンしかないなって思ってたよ（笑）。じゃあ植物の種の仁もカーネルっていうんだね。

拓哉 種の仁のほうのスペルは、kernel ね。大佐のほうのスペルは colonel で、こっちは l なのに r の発音をするトラップ単語なんだよね。

かをり 『北斗の拳』にカーネルって大佐が出てきた。

拓哉 そうなんだ。

かをり （スマホを見ながら）カーネルという称号は、サンダースさんがご存命のときに贈られたんだね。

拓哉 もうケンタッキーに関する雑学はないよ。

かをり 私が大学生のとき通っていた慶應藤沢キャンパスは、本当は略称をＫＦＣにしたかったんだけど、ケンタッキーフライドチキンの略称と被るからってことで、湘南藤沢キャンパスでＳＦＣにしたらしいよ。

篠原かをり出題

Q 74

言語クイズ

マダガスカルに棲む希少なサル、「インドリ」の名前はどんな言葉から付けられたとされているでしょう？

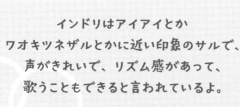

インドリはアイアイとか
ワオキツネザルとかに近い印象のサルで、
声がきれいで、リズム感があって、
歌うこともできると言われているよ。

A 見てごらん

拓哉　現地の言葉でってことね。
かをり　うん。
拓哉　「あそこにいる」?
かをり　正解。「見てごらん」みたいな。『世界大百科事典』には「ご覧なさい」という意味だと載っているし、発見者もそう言っているけど、のちの研究者の中には「違うんじゃないか」と言っている人もいる。
拓哉　発見者はそう思って名付けたというのは、裏ドリが取れているってことね。
かをり　そう。実は地名なんじゃないかって説もあったんだけど。動物の名前って、現地の人に「あれは何?」と聞いたときに違う言葉が返ってきて、それを名前だと思い込むっていうのが、結構「あるある」なんだよね。カンガルーは、「わからない」という意味だと言われがちなんだけど、実際は現地の言葉の「跳ぶもの」って意味である可能性が高いんだって。
拓哉　へえ。
かをり　インドリは数少ない歌う霊長類として、現地ではスピリチュアル的に大事にされているんだよね。祖先の化身みたいなイメージみたい。
拓哉　インドリの学名は「インドリインドリ」。
かをり　大学でインドネシア語を受講したときに、先生がインドネシアネームを付けてくれることになって、男子は勇者の名前で、女子は花の名前にしますと言われて、私は「インドリ」って名付けられたのね。何だろうと思って調べたら、ファンキーなサルが出てきて。インドリって花は見つけられなかったんだよ。まあかわいいサルだからいいかなって。1年間「インドリ」と呼ばれていたから、インドリには親近感を持っているんだよね。絶滅が危惧されているから心配だよ。

河村拓哉出題

Q 75

言語クイズ

相手方の甥（おい）を敬うとき、
漢字3文字で「○○様」と
表現しますが、
どう呼ぶでしょう？

これは普通に知ってる人が
多いと思うけど、
僕は最近知ったんだよね。
うっかり知らないまま
死ぬところだった！

A

甥御様

かをり　甥を敬うことなんてあるか（笑）？

拓哉　他人の甥っ子に対する尊敬語があって。

かをり　甥御、姪御とは聞くけどね。

拓哉　そう、それ。正解。甥御様。「御」の字が前じゃなくて後ろに付くんだっていう驚きがあって。

かをり　ああそうか、「御父様」「御母様」とか、通常だと「御」は前に付きそうか。そんなことを意識せず、甥御様って普通に使ってたわ。何で後ろに付くのかね。

拓哉　ずっと音だけ聞いていて、「甥子様」かと思っていた。

かをり　甥っ子様ね（笑）。

拓哉　こういう漏らしてる簡単語彙がたくさんあるんじゃないかって不安になる。

かをり　わかる！　私、読み方がわからないものがいっぱいあって。歌舞伎の「梨園（りえん）」を「なしぞの」とずっと言ってた。恥ずかしいよね、そういうの知らないと。自分の中の知らない単語を全部目録にしてほしい。

拓哉　知らない単語を目録にして、簡単な順に出してほしい。

かをり　わかる、わかる（笑）。

拓哉　そういう目的で中学生向けの辞書を買って、置いてある。中学生向けなのに、結構エグい語彙が載っていて、「秋の明け方の薄寒さ」＝「朝寒（あささむ）」って語彙があって。たぶん季語なんだけど、知らんなあって気持ちになった。漢検の1級の書き問題に、一人称の「小職（しょうしょく）」が出てきたんだけど、正解率がめっちゃ低かったらしい。

かをり　今スマホ見ていたら「日本語の二人称を表す一覧全81語」ってページが出てきた。二人称で81も？　って思った。

拓哉　いっぱいあるね。

篠原かをり出題

Q 76

「犬」という漢字の上に付いている点は、犬の体のどの部位を表しているでしょう?

犬

「犬」という漢字は、
ものの形をかたどって
できた象形文字だよ。

A

耳

拓哉　尻尾以外思いつかないな。

かをり　正解は、耳。犬という漢字を左側に90度横に倒して、左側が顔を表しているんだよね。で、右のはらいのほうが、犬の尻尾を表していると。でも、「犬」の漢字は、倒さないでそのままで見たほうが、犬の顔に似てるような気がする。象形文字って、何で倒すやつと倒さないやつがあるの？

拓哉　知らない。古代中国人に聞いてください。

かをり　「丶」は耳がピンとしている様子を表しているんだって。昔の犬は耳がピンと立っていたんだけど、家畜化が進むと軟骨とかが軟らかくなって、垂れ耳になったり、尻尾が巻いたりし始めたんだよね。でもエジプトの遺跡を見に行ったとき、垂れ耳の犬の絵が描いてあったんだよ。そこそこ早い時点で垂れ耳の犬もいたんだろうな、と。

拓哉　立ち耳の犬も仔犬の頃は耳が垂れてるよね。

かをり　そうだね。狼もそうだよ。器って漢字の旧字体も、真ん中が「大」じゃなくて「犬」なんだよね。「器」には何で「犬」が入っているの？

拓哉　甲骨文字を読み解くのは、諸説あるから答えるのが難しい。『漢辞海』という辞書のアプリを開いてみたら、「食器とこれらを守るもの」と書いてあるから、守るものとして「犬」が入っているのかな。

かをり　動物の漢字って不思議だなって思うんだけどさ、「象」に専用の漢字があることに違和感ない？　そんなに象に馴染みがある？　カモノハシを意味する1文字の漢字があったらびっくりするじゃん。そんな感じの不思議さがある。象は概念としてすごい生き物だったのかな。

拓哉　象はインドや中国には、いっぱいいたからね。

河村拓哉出題

Q 77

言語クイズ

けものへんに各と書く
「狢(むじな)」という字のへんを
「むじなへん」に取り換えると、
何と読む漢字になるでしょう?

たぬきそばときつねそばが合体した、
天かすと油揚げの両方がトッピング
されているメニューのことを
「むじなそば」と呼んでいる
お店があるよね。

A

むじな

かをり　むじなへんって何？

拓哉　「豹（ひょう）」って漢字のへん。

かをり　何だろう？　貂（てん）ではないし。ムジナに関係がある？

拓哉　関係ある。変貌（へんぼう）の「貌」もむじなへんだね。

かをり　ムジナっぽいもの……アナグマ？

拓哉　アナグマの別名が答えですね。

かをり　アナグマの別名？　わからないよ。

拓哉　知ってる動物だよ。

かをり　知ってる……？　類似の動物をあげていくと、ハクビシン、アナグマ、タヌキ、アライグマ……。日本に生息してる？

拓哉　標準和名ではないかも。

かをり　何だろう？

拓哉　正解は、むじなです。

かをり　えっ、けものへんでも、むじなへんでも、むじなってこと？

拓哉　けものへんの「狢」を見て、何かおかしいよなと思って。バクも「獏」でも「貘」でもいいみたい。

かをり　そうなんだ。アナグマ、一緒に食べたよね。香りがよくておいしかった。脂身が甘かったよね。

拓哉　結局、ムジナって、漠然とああいう仲間っぽいものを言い表す言葉で、タヌキの別名とされたり、アナグマの別名とされたりするんだけど、「ムジナ」というものが動物園で展示されていることはないよね。

かをり　ないね。ダックスフントはアナグマ狩り用の犬で、穴に入るために、あの短足胴長の体型になったと言われているよ。ダックスはドイツ語でアナグマって意味で、フントは犬って意味なんだよね。

拓哉　元は猟犬だったんだ。

篠原かをり出題

Q 78

言語クイズ

フランス語の言い回しで
記憶力が良いことを
「ゾウの記憶力」と言いますが、
忘れっぽいことを、
ある生き物を使って
何の記憶力というでしょう？

陸上動物で最も大きな脳を持つゾウは、
実際に記憶力が優れていて、
群れの仲間のこともよく覚えているよ。

A

金魚

拓哉　フランス人がアホっぽいと思ってる生き物ってことでしょ。キジ？

かをり　フランス人はキジを食べるけどね。キジじゃない。もっと日本っぽい生き物。

拓哉　カブトムシ？

かをり　サイズ感は合ってる。

拓哉　脊椎はある？

かをり　ある。

拓哉　金魚？

かをり　正解。何でわかったの？

拓哉　日本っぽいものだから。

かをり　そうか。金魚の顔はポケーッとしてるように見えるけど、記憶力を調べる研究の結果、4〜5カ月は記憶を維持することができるとわかったんだって。

拓哉　エサをくれるかどうかはわかってるよね。

かをり　今、丸い形の金魚鉢で金魚を飼うことは虐待になるということで、ヨーロッパ圏では禁止されていたりするんだよね。

拓哉　四角い水槽ならいいの？

かをり　そう。ローマでは２００５年に丸い金魚鉢の使用を禁止にする法律もできていて。理由としては、金魚が外の景色を見たとき歪んで見えるから。実際の金魚の視力を考えた場合、本当に歪んで見えるのかはわからないけどね。

拓哉　日本でも金魚鉢はあまり見なくなったね。

かをり　そうだね。でも最近は、アートアクアリウムも結構問題視されていて、金魚の飼い方としてよろしくないと言われているんだけど、金魚ってそもそも人間の好みで形を変えられている生き物だから。どこからどこまでをヒトのエゴとするかが難しいよね。

河村拓哉出題

Q 79

『もののけ姫』の挿入曲『アシタカせっ記』。多くの場合「せっ」はひらがなで表記されるのですが、それはなぜでしょう?

最初、『もののけ姫』のタイトルも『アシタカせっ記』にしようとしていたらしい……。

A

宮崎駿監督が作った漢字だから

アシタカ𦻙記

かをり　変換できない文字だから。

拓哉　半分は正解。なぜ変換できないか？　「せっ記」の意味は、草の根で伝えられていく歴史的なことだよ。

かをり　作中の文字だから？

拓哉　まあいいか。答えは、宮崎駿監督が作った漢字だから。くさかんむりの旧字体の下に耳をふたつ書くんだけど、そんな漢字は存在しないから、パソコンで出てこない。

かをり　それはグッズ展開をする人が困るからやめてあげてほしいね。ほかにも漢字作っているの？

拓哉　宮崎駿監督はこれしか知らないな。新しく発見された元素に名前を付けるとき、中国で新しい漢字ができたってことはあった。あとは、明治天皇が好きだった魚に「鰉（ひがい）」って漢字を当てたとか。

かをり　『指輪物語』も設定が凝りすぎていて、作者のジョン・ロナルド・ロウエル・トールキンはその世界の文字や言語を作っているよね。トールキンは13歳で初めて自分の言語を作って、亡くなるまで作り続けていたらしい。

拓哉　行き着いちゃった人って感じがする。

かをり　『指輪物語』のまとめ記事を読んでも本当に追いつけない。トールキンが創造した言葉を研究している人もたくさんいるよね。

拓哉　その言葉を理解するための入門書も出てるし。

かをり　幼児語も人工言語と近いような気がする。幼児って本来の言葉を全然汲んでない言葉を作るじゃん。

拓哉　そうね。

かをり　弟はタマゴのことを「アンマ」って呼んでいた。そしてうちの父は、オードリー春日さんの「春日語」みたいな独自の言語で会話しているよ（笑）。

篠原かをり出題

Q 80

言語クイズ

英語で「ham actor（ハムアクター）」と呼ばれるのは、日本語でいうところのどんな役者でしょう？

食べ物の「ハム」のスペルも「ham」だけど……？

A

大根役者

拓哉　大根役者。

かをり　正解。知ってた？

拓哉　知ってた。『ハムレット』からきてるんでしょ。

かをり　そう。でも、諸説あって、ハムレットは誰が演じても当たって券が売れるから下手な人が演じたがるという説と、下手な人に限ってハムレットのような役をやりたがるという説もある。「アマチュアがなまってハムレットになった」という説まである。

拓哉　どれが一番信ぴょう性が強いと思う？

かをり　「誰がやっても当たる」かな。王道のヒーローって演じやすい感じがするし、ハムレット役だったら、誰がやってもそれなりに見栄えがするんじゃないかなっていう印象がある。どんな話か知ってる？

拓哉　よく知らない。

かをり　私もふんわりとしか知らない。セリフがいいっていうイメージはある。「生きるべきか死ぬべきか、それが問題だ」とか。フランス語では「大根役者」のことを「カブ役者」って呼ぶんだって。

拓哉　へえ～。

かをり　フランスではカブがバカにされがちなんだよ。日本語でいうとカボチャみたいなイメージ。

拓哉　「どてカボチャ」って言うもんね。

かをり　「大根役者」にも諸説あるんだよね。一番よく言われるのは、「食べてもお腹を壊すことがなくてアタらないから、何を演じても当たらない」という説。あとは、「白いから素人」という説。「演技が下手な役者ほど顔の白塗りが濃い」という説もあって、バリエーションがあるんだよね。「よく役をおろされる」と「大根おろし」をかけているという説もある。

拓哉　色々あって面白いね。

河村拓哉出題

Q 81

1948年に設けられた後、
1989年と2007年に
名前が変わった国民の祝日の、
現在の名前は何でしょう?

生活クイズ

最初に名前が変わった
1989年に何が起きたかを考えたら、
答えがわかるかも?

A

昭和の日

かをり　敬老の日？　としよりの日が老人の日になって、そのあと祝日の敬老の日になったと最近知った。

拓哉　敬老の日ではないです。

かをり　うーん。戦後の1948年に設けられた祝日っていうと、建国記念の日か天皇誕生日かって気がするけど……。ほかにどんな祝日があったっけ？　祝日って、私の中ではイメージが薄くて、街が混んでるだけの日だから全然思いつかない。

拓哉　正解は、昭和の日。4月29日ね。

かをり　なるほどー！

拓哉　最初は昭和天皇の天皇誕生日だったんだけど、崩御して平成になったので、天皇誕生日とは呼べなくなって1989年に一旦みどりの日にして、2007年に昭和の日に名称が変わったんだよね。

かをり　今の天皇陛下の誕生日は、天皇誕生日という名前の祝日になっているんだよね？

拓哉　そう。それで、上皇陛下の誕生日として祝日だった12月23日は、今は平日になった。

かをり　そうしないと祝日が増えすぎちゃうもんね。

拓哉　祝日といえば、山の日って何でできたんだっけ？　海の日があるなら山の日も作ろうってノリ？

かをり　（スマホで調べて）日本は国土の約7割が森林に覆われた山の国であり、山の日を作ろうという動きがあったから……だって。あ、海の日の祝日化運動をする団体には加山雄三が所属していたらしいよ。結構ライトに祝日って増やせるんだね。

拓哉　納税感謝の日とかあってもいい。

かをり　納税感謝の日は確定申告締切日の翌日に欲しいね。国民の要望があれば祝日にできるかも。山の日も海の日も要望で決まったみたいだしね。

篠原かをり出題

Q 82

生活クイズ

中国の若者の間で定着している、
食事のときに欠かせない
「電子ザーサイ」とは、
食べ物ではなく、どんな
もののことを指すでしょう？

中国の食卓に欠かせないもの＝ザーサイ
ということで、
「電子ザーサイ」と呼ばれているよ。

A スマホやタブレットで見る短い動画

拓哉　電子ってことは……、動画を見ること？
かをり　正解。短いネット動画。中国の若者は、タブレットやスマホを食卓に置いて、短い動画を見ながら、ご飯を食べているんだって。腰を据えてじっくり見る作品よりも、ショート動画が流行っていて、食事のときに見る用の10分のドラマが制作されているらしい。
拓哉　10分って結構長くない？
かをり　ひとりで食事するときに見るなら、10分がちょうどいいんじゃない？　5分だと短いよ。
拓哉　今日の晩ご飯は、劇場版よ（笑）。
かをり　長すぎ（笑）。食事のときに動画を見ることは行儀が悪いと思われがちだったけど、おひとりさま社会の繁栄と、コロナ禍で個食が当たり前になったことで、今は肯定的に捉えられることもあるみたい。回るテーブルを囲んで大人数で食事をするイメージが強い中国も、変わってきているんだね。
拓哉　でも食事に合わせた動画を作るのって大変そうだね。下ネタが使えないし。
かをり　たしかに。誰かが食事している動画を見るのも違うような。ひとりでご飯を食べるときに相応しい日本のユーチューバーって誰だと思う？
拓哉　QuizKnockじゃない？
かをり　そうだね（笑）。
拓哉　ニュースの切り抜きもちょうどいいかも。
かをり　でも怖い事件が流れる可能性もあるよ。
拓哉　食事しながら殺人事件を見るのは嫌か。
かをり　中国では、食事時間に合わせて動画を配信する人もいて。だらだらと見続けずに、食事の間だけ動画を見て情報を手に入れて、また日常に戻るというライフスタイルも、高評価されているんだって。

河村拓哉出題

Q 83

生活クイズ

初代発売から25周年を記念して、2021年に発売された「たまごっちスマート」は、通常の卵形のたまごっちとは違う珍しい形をしています。初代の企画書にすでに描かれていた、その形はどんなものでしょう？

初代の企画書では
「たまごっちスマート」という
名前ではなかったけど、
当時構想されていた形のものが
25周年を記念して発売されたんだよね。

A 腕時計

かをり　「たまごっちスマート」か……。腕時計。

拓哉　正解。スマートウォッチを模しているたまごっちでした。そもそも、たまご＋ウォッチでたまごっちになったそうです。

かをり　なるほどね！

拓哉　ちゃんと遊んだことがないんだけど、卵形のたまごっちにも時計の機能はあったってこと？

かをり　あった。時間経過によって、育ったり、死んじゃったりするから。でも、たまごっちで時間確認している人がいたら、社会性がなさそうだよね（笑）。

拓哉　育てるの大変なんでしょ？

かをり　すごく大変。ご飯あげたりしてちゃんと育てるとかわいいキャラになるんだけど、あまり世話をしないで放置してるとかわいくないキャラになる。

拓哉　おやじっちとか？

かをり　そうそう。偽物のたまごっちを放置してキャラが死んじゃったら「よくも殺したな」って文字が出たっていう怖い噂もあった。

拓哉　偽物の上にそんなことまで（笑）。

かをり　たまごっちって2回ブームになっているんだよね。最初のブームは１９９７年で、このときは女子高生を中心に爆発的に流行った。そのあと２００４年頃に小学生の間に第二次ブームがきて、私は第二次世代。キャラも増えて、赤外線通信ができるようになって、おもちゃ屋さんの店頭に置いてある巨大たまごっちの側でアクセスするとレアキャラがもらえたんだよ。

拓哉　今もずっと残っているのがすごいね。

かをり　そうだね。カラーになったり、遺伝の概念が導入されたりと、進化しながらロングセラー商品になってるね。

篠原かをり出題

Q
84

現在では宴席での正装として着用されるタキシードは、「あることをするための服」だったものを原型として、作られました。もともとは何用の服だったでしょう？

生活クイズ

バンド・King Gnu（キングヌー）の常田大希さんがタキシードを着て「あること」をしている写真が話題になっていたよね。

A 喫煙

拓哉　乗馬？

かをり　もっと用途を限定している。「それをするのにわざわざ専用の服があるの？」って感じ。

拓哉　ビリヤード？

かをり　運動は関係ない。実用性はあるけど、スポーツでもないし、礼儀関係でもない。

拓哉　そもそもタキシードってどんな服だっけ？

かをり　うーん、襟に光沢があって……。

拓哉　何だろう？　鳩の巣を駆除するときに着る？

かをり　もっと日常的なこと（笑）。する人もいるし、しない人もいる。

拓哉　したほうがいいこと？

かをり　多くの人はよくないと考えていることかな。

拓哉　タバコを吸う。

かをり　正解。くつろいで葉巻を吸うために着用していたスモーキング・ジャケットを大本にしているんだって。葉巻はニオイもきついし、灰で服が汚れないように、専用のジャケットを着ていたらしいよ。

拓哉　わざわざ着替えるの？

かをり　着てる服を守るために、上から羽織っていたんじゃないかな。

拓哉　暑そう。夏場は大変だね。

かをり　屋内で吸うとき着てたんだと思う。

拓哉　葉巻って、専門のバーで吸ったりするんでしょ。感じとしては紙タバコよりシーシャ（水タバコ）のほうに近いのかな。僕は両方とも吸ったことないけど。

かをり　昔、チェ・ゲバラの演劇を見たあとにシガーバーに誘われて、キューバ産の葉巻を吸ったことがあるんだけど、人生で一番正しいタイミングでシガーバーに行った気がする（笑）。

河村拓哉出題

Q 85

1990年、山階（やましな）鳥類研究所の発案により、日本鳩レース協会の鳩レースに賞が追加されました。どんな部門でしょう？

生活クイズ

レース鳩は、競走馬のように血統が重視されていて、優勝経験のある鳩は高値で取引されることがあるよ。2020年にベルギーで行われたレース鳩のオークションでは1羽が160万ユーロ（約1億9800万円）で落札されたんだって！

A

レース鳩帰還率賞

かをり　見た目部門。

拓哉　違います。

かをり　違うんだ。鳩を育てている人って、ビジュアルにもこだわっているよね。めちゃくちゃ鳩胸の鳩にしたりとか……。基本はタイムを競うんだよね？

拓哉　そう。

かをり　じゃあ、距離？

拓哉　違います。距離はレースによって変わるし。

かをり　あったらかわいいのは、ヒナの部。

拓哉　ヒナが何を競うのよ（笑）。同じレースの中に別の基準も設けて、それも表彰するようになったということだよ。

かをり　帰還率？

拓哉　正解。飛んでる途中でいなくなっちゃうから。

かをり　猛禽（もうきん）類に持っていかれちゃう率も高いと言われているよね。鳥の帰巣本能ってすごいなって最近思ったことがあって。渡り鳥のオオミズナギドリが越冬するために南に移動しているときに、北の方角に体が向かうと「違うよ」って反応する脳細胞が見つかったんだって。ずっと「合ってるよ」というサインを出し続けるより、間違ったときだけ反応するほうが効率的。

拓哉　かしこいね。

かをり　鳩といえば、実家のベランダで2回巣を作られたことがある。

拓哉　勝手に駆除したらいけないんでしょ？

かをり　鳩を追い払うことはできるんだけど、卵を触るのは法律で禁止されているんだよね。卵が生まれたら見守るしかない。フンもたくさんされて大変だったよ。しかも、巣立ったと思ったら、「ここは安全だったな」と思われて、翌年も産みに来る（笑）。

篠原かをり出題

Q

86

ティーカップとセットで販売されることが多いソーサーは、もともとどんな用途に用いられていたでしょう?

生活クイズ

答えの用途で使われていた時代の
ソーサーは、現在のものとは形が違います。
18世紀頃に、現代のカップ&ソーサーの
形に変化していったみたい。

A

紅茶を飲む容器

かをり　今のソーサーをこの用途に使うとなると「え、これで……？」って思うはず。

拓哉　ミルクを入れていたとか？

かをり　違います。

拓哉　ソーサーのほうで飲んでいた？

かをり　正解。昔は、ソーサーはもっと深い器で、ティーカップとソーサーの容量が一緒だったんだって。

拓哉　今みたいに浅い皿じゃなかったんだ。

かをり　当時はまだティーポットが普及していなかったから、カップの中に直接茶葉とお湯を入れて、カップの底にうまいこと茶葉を残しつつ、深めのソーサーに紅茶を移してから飲んでいたらしい。ソーサーに移すことで冷めて飲みやすくなるし、当時はカップから直接飲むのは上品じゃないと考えられたみたいで。

拓哉　へえ。今はもうソーサーっていらなくない？

かをり　家じゃ使わないよね。あとさ、ティーカップって持ち手が付いてるじゃん。あれって、砂糖やミルクを混ぜるときに指を添えて安定させるために付いてるんだって。しかも持ち手に穴が空いていても、指を突っ込まずに、つまんで持つのが正しいマナー。

拓哉　え、そうなの？

かをり　漫画『岸辺露伴は動かない』で、マナーに厳しい家に行って、カップの持ち手の穴に指を突っ込んで減点されるエピソードがあった（笑）。

拓哉　持ち手に穴が空いてないカップもあるよね。

かをり　ある、耳みたいな持ち手のやつね。

拓哉　あれ、ただ持ちづらいカップだと思ってたけど、そもそも穴に指を入れたらいけなかったんだね。

かをり　耳みたいなほうが逆に優しかったんだね。マナー違反を防止できて。

河村拓哉出題

Q
87

お弁当によく使われる
醤油入れの「ランチャーム」。
魚の形をしたものが
お馴染みですが、魚の形を
しているのはなぜでしょう？

生活クイズ

「ランチャーム」とは、旭創業という会社が
開発した、たれびん・ミニパックの登録商標
です。絆創膏における「バンドエイド」、
ステープラにおける「ホッチキス」
みたいなことだね。

A もともとお寿司用だから

かをり うーん、魚にかけてほしかった？

拓哉 もうちょっと。どういう魚？

かをり 刺身？

拓哉 下に何か……。

かをり 寿司？

拓哉 正解。普通の幕の内弁当に魚の形の醤油入れが入っていると「何でかな」と思うけど、寿司に入っているると「フーン」としか思わないよね。

かをり ランチャームの語源が知りたい。ランチとチャーミングかな。

拓哉 （スマホで調べて）「ランチをチャーミングに」だって。合ってる！

かをり 醤油入れといえば、崎陽軒のシウマイに入っている陶器の醤油入れ「ひょうちゃん」を思い出すな。表情がいろいろあってかわいいから、コレクターがいるんだよね。

拓哉 ランチャームは広島で開発されて、「よーし東京に行くぞ」ってなったんだけど、開発者の娘さんが「大阪のほうが新し物好きだから」と言って、一旦大阪に進出したんだって。

かをり 豚の形のランチャームも見たことある。

拓哉 とんかつソース用のやつだよね。

かをり （スマホで調べて）あの魚は鯛なんだね。駅弁買うときって何を選びがち？　私は海鮮系かな。柿の葉寿司とか。ひっぱりだこ飯も好きだけど、あの容器が、再利用はしないのに捨てられなくて困る（笑）。

拓哉 僕は品川の貝づくし。帰りは旅先の名物を買う。

かをり 岡山に行ったとき、名物が少しずつ食べられる「岡山名物大集合」っていう駅弁があったよね。あれは楽しかったね。

篠原かをり出題

Q 88

生活クイズ

実は日本独自の文化であり、室町時代に始まったとされる結婚式定番の演出は何でしょう？

ちなみにドイツの結婚式では、
初めての共同作業として、
丸太を切るのが定番だそうです。

A

お色直し

かをり　これ、ファーストバイト（ケーキ入刀のあと新郎新婦がケーキを食べさせ合う）だったら嫌だよね。

拓哉　「実は日本独自」って問題文にあるってことは、海外でもやっていそうな演出ってことだよね。

かをり　日本独自の三三九度とか（笑）。

拓哉　和式の結婚式って出たことないな。教会式でもやること？

かをり　やる。

拓哉　お色直しじゃないでしょ？

かをり　正解。

拓哉　えー。お色直しは日本独自のものだよ。

かをり　えっ！　私は「お色直しは日本独自」だって聞いてびっくりしたよ。かしこじゃん。

拓哉　日本人は、和装と洋装の両方着たいからお色直しの演出が始まったのかと思っていた。だから外国人はやらないものかと。最初、キャンドルサービスかな、とも思ったんだよな。

かをり　室町時代に和ろうそくで（笑）。室町時代のお色直しは、白無垢から色打掛に着替えていたんだよね。「白無垢から色打掛に替えることで、婚家の色に染まるという意味があった」という説と、「白無垢を着ている間は神のものであるという扱いで、色打掛になると一般社会の人になる」という説があるみたい。

拓哉　へえ。

かをり　室町時代は、結婚後3日間は白無垢を着て、4日目から色打掛になっていたんだって。

拓哉　3日も着たら汚れるでしょ？

かをり　たしかに（笑）。江戸時代からは、結婚式の夜に白無垢から色打掛に着替えるようになったみたい。白無垢の期間が、常識的になってきたね。

河村拓哉出題

Q 89

日本のパスポートを持っていれば、ビザなしで渡航が可能な国は何カ国でしょう?

【なるべく近い数字を答えてね】

2023年1月の調査で、
日本のパスポートはシンガポールの
パスポートと並んで、ビザなしで
渡航可能な国が多いランキングの
第1位に輝いているよ。

A

193カ国

拓哉　フランス領ポリネシアみたいな地域も含めて、227分の何カ国かって問題です。

かをり　半分より多い気がする。150くらい？

拓哉　正解は、193カ国。

かをり　おー、多いね。どこに行けないの？

拓哉　目ぼしいところをあげると……、ロシアが今ダメでしょ。

かをり　ロシアはウクライナとの戦争前からダメだったよね。昔、日本に一番近いヨーロッパと呼ばれているロシアのウラジオストク市に行ってみようと急に思い立って、航空券だけ買って行って、ビザがなくて追い返されたって漫画を読んだことがあって。ロシアってビザがないと入れないんだって思ったんだよね。

拓哉　ウラジオストクへは2017年8月から、8日以内の滞在ならネットで手軽に取れる電子ビザで行けるようになっていたけれど、今はまた戦争でダメだろうね。あとは、北朝鮮、アフガニスタン、カメルーン、チャド、南スーダン、キューバとかもダメ。

かをり　キューバのパスポートだったら、ロシアにビザなしで行けたはず。

拓哉　あと、安定している国が強い。ビザなし渡航が可能な国が多いのは、日本、シンガポール、その次は韓国だそうです。

かをり　パスポートにイスラエルとかアラブ系の一部の国のスタンプがあると入国できないっていう国もあるんだよね。だから行ってもあえてスタンプを押さなかったり、別の紙に押してもらう人もいるみたい。今はパスポートにスタンプを押すことは必須じゃないから。特定の国に入国したという形跡があるだけで、疑われてしまうってことなんだね。

篠原かをり出題

Q 90

生活クイズ

よく似た飲み物の牛乳と
豆乳の1リットルの紙パックは、
それぞれ違う形のパックで
販売されています。
その理由は何でしょう？

「スジャータめいらく」「セブンプレミアム」など
一部の豆乳は三角屋根つきにプラの注ぎ口を
つけたパックを採用しているけど、
「キッコーマン」「マルサンアイ」など、ほとんどの
豆乳は直方体のパックを採用しているよ。

A

賞味期限（豆乳の日持ちを延ばしたい）

かをり　牛乳パックの上は三角屋根になっているけど、豆乳はほとんど直方体でしょ。その違いはなぜ？

拓哉　アレルギー？

かをり　いいえ。間違い防止じゃないよ。

拓哉　豆乳買ってきて家で豆腐作るときに直方体のほうがいい……と一瞬思ったけど、家で豆腐作る人なんてそんなにいないよなあ。

かをり　できることなら、豆乳も三角屋根をつけたいんだと思う。そのほうが注ぎやすいから。でも、仕方なく直方体にしてる。

拓哉　牛乳と豆乳の液体自体の性質の違いによる？

かをり　主要な理由ではないけど、牛乳と豆乳の違いではある。

拓哉　豆乳は外国から輸入しないといけないから？

かをり　国産の豆乳も直方体のパックを採用していると思うよ。三角屋根と直方体では、何かが変わる。

拓哉　豆乳は一度には使い切れないから、冷蔵庫内で横倒しにして置けるように？

かをり　あ、豆乳は一度に使い切れないというのは、大きなヒント。

拓哉　冷凍できるように？

かをり　それ以前の問題。豆乳は牛乳よりも買う人が少ないから……、販売するほうはどうしたい？

拓哉　日持ちを延ばしたい。

かをり　正解。三角屋根のパックは上に空気が入るから賞味期限が短くなってしまうんだよね。そのペースだと豆乳は売れ残ってしまうから、上に空気が入らない直方体の紙パックを採用したんだって。

拓哉　たしかに、1リットルの豆乳って買ったことないなあ。

河村拓哉出題

Q 91

2012年、アフリカの国ジンバブエ
第2の都市ブラワヨにおいて、
市民に「ある水の使い方の指示」が
出されました。水道の給水が
制限されたことで起こった
ある問題を解決するものでしたが、
どんな内容だったでしょう?

ブラワヨとは、もともと住んでいた
少数民族ンデベレ族の言葉で
「虐殺の地」を意味するんだって。
植民地支配を目論むイギリスに住民が
虐殺されたという過去があるからだそう……。

A

下水の詰まりを防止するために、全戸で同時刻にトイレを流す

拓哉　「水不足だから、こういう使い方をしてください」という指示が出された。

かをり　出るときに溜めておけ……ではないよね。

拓哉　違います。

かをり　何かを減らしてくださいということ？

拓哉　そうだね。断水がめっちゃ多かったらしい。

かをり　我々が今その指示を出されたら、どう思う？

拓哉　「え～!?」って思う。

かをり　水じゃない違うもので代用してくれ。

拓哉　違います。断水で水が出ないことで生じた別の困りごとを何とかしたいという処置だね。

かをり　水がなくて一番困るのは、トイレだね。

拓哉　近づいてきたよ。

かをり　こまめに流してください。

拓哉　うわ～。正解は、上水が少なくなったことで、下水が詰まりやすくなっちゃったから、みんなで時間を決めて一斉にトイレを流す、でした。

かをり　うおー。災害時に「何回か分を溜めてから流してください」と言われたりするけれど。

拓哉　テレビでサッカー中継しているとき、水道の使用量が減るって話は聞いたことがあるよね。

かをり　いつ点が入るかわからないから、トイレ行くの我慢しがちだもんね。

拓哉　で、「一気にトイレの水の使用量が増えたのは、ハーフタイムです」とか、「地震計のこの揺れは、得点シーンです」みたいなどうでもいいニュースが、ワールドカップのあとに流れがち（笑）。

かをり　水道のメーターじゃないかもしれないけど、泥棒は家の外のメーターを見て、留守か在宅かを判断してるって話を聞いたことがあるよ。

篠原かをり出題

Q 92

2017年6月6日にフジテレビ系『ノンストップ！』で放送されたものの、後に実在しないことが発覚して翌日の放送で謝罪となった、赤城乳業が販売する人気氷菓「ガリガリ君」のフレーバーは何でしょう？

ニュースクイズ

「ガリガリ君」は
1981年の誕生以来、
赤城乳業の看板商品として
愛されているよ。
妹の「ガリ子ちゃん」もいるよ。

A

火星ヤシ味

かをり　クイズのカテゴリーが「ニュース」だから、「誤報」ネタでクイズを作ってみようと思って。

拓哉　僕も「誤報」のウィキペディアは見た（笑）。

かをり　『ノンストップ！』は、ネットに上がっていたファンアート的に作り込まれた架空の味のパッケージ画像をうっかり使っちゃったみたいなんだよね。

拓哉　何味だろう……、ゴールデンパイン？

かをり　ゴールデンパインは実際に売ってた。もっと「それはないでしょ？」ってやつ。

拓哉　「ガリガリ君」って、なさそうなやつを実際に作ってきたじゃん。コーンポタージュ味とか、クレアおばさんのシチュー味とか。

かをり　売れなくて3億円近い大赤字になったというナポリタン味もあった。

拓哉　野菜サラダ味？

かをり　いいねえ。でも違う。グリーンスムージー味はあったんだけどね。

拓哉　こういう考えてもわからない答えのやつは大喜利するしかないじゃん。やめてくれよ～（笑）。「ガリガリ君」はもう何味があってもいいもん。

かをり　正解は、火星ヤシ味。

拓哉　あ～、そのニュース、聞いたことある気がする。

かをり　ネットで検索したら写真出てくるけど、本当によくできているんだよね。ほかにどんな味が実際にあったっけ。（「ガリガリ君」のかつてのフレーバーをスマホで調べて）メロンパン味、桜もち味、カフェオレ＆ゼリー味……。温泉まんじゅう味は、中にまんじゅうの皮味のスポンジやこしあんも入っているって。「桔梗信玄餅」の会社が監修した黒みつきなこもち味には、お餅が入っているって！

河村拓哉出題

Q 93

南米コロンビアのカブトムシ
輸出企業「ティエラ・ビバ」は、
海外に販売する際の手数料に
悩んでいました。この対策として
2019年に独自のあるものを
開発したのですが、
それは何でしょう？

このカブトムシ輸出企業の最大の
取引先は日本だよ。問題に出てくる
「手数料」は、通貨スワップ
（異なる通貨間の金利と元本を
交換する取引）の手数料です。

A 仮想通貨

かをり　仮想通貨。

拓哉　当たり。何でわかったの？

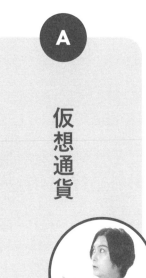

かをり　手数料と聞いて、最初「クレジットカードの手数料なのかな？」と思って、クレカ以外で海外と取引しようとするならば、仮想通貨かな、と。

拓哉　（スマホで仮想通貨のデザインを見せながら）これが「K mushi Coin（ケームシ コイン）」。

かをり　へえ〜。カタカナで「カブトムシ」って字が入っているんだね。

拓哉　日本が一番のお得意様だから。この仮想通貨、地元での利用も広がっているらしい。

かをり　（スマホで見て）この会社、ヘラクレスオオカブトも扱っているみたいだね。ヘラクレスだと普通サイズでも3万円くらいはするから。ふるさと納税の返礼品にもなっているし。

拓哉　「ティエラ・ビバ」、儲かっていそうだね。

かをり　そういえば一昨日と昨日、浜松町で昆虫の生体と標本の展示即売会があったんだよ（生体主体の「KUWATA フェスティバル２０２３浜松町」は２０２３年３月４日、標本主体の「大手町インセクトフェア」は５日に開催）。

拓哉　生体のことを、「生き虫」って呼ぶんでしょ。

かをり　そう。標本を「死に虫」とは言わないけれど。

拓哉　昆虫即売会、行ったことあるの？

かをり　あるよ。朝から長蛇の列になるから、ファストパスみたいなチケットも出るんだよ。前に行ったときは、生きたオオセンチコガネのつかみ取りをやっていた。少量パックでの販売もしていたんだけど、つかみ取りのほうがお得ではある。でもそんなにたくさんは欲しくないんだよね（笑）。

篠原かをり出題

Q 94

ニュースクイズ

2022年11月12日に
科学誌『Science Advances』に
東京大学の研究チームがネズミに
関する研究を発表しました。
それは、ネズミが人間と同じように
あることをするというものです。
一体何でしょう？

ネズミにも個体差があるので、
これができないネズミもいると思う。
私も苦手なことです。

A

音楽に合わせて体を動かす

拓哉　いじめ？

かをり　ネズミはいじめ、めっちゃするよ。ネズミで実験するときは大体6匹で飼うんだけど、いじめのストレスで体重が減ってしまうと、実験の正しい効果が測定できなくなるから、いじめっ子のネズミは隔離されて、ケージに「いじめ」ってシールを貼られてた。

拓哉　嫌な話だなあ。

かをり　答えは、わりとかわいいこと。

拓哉　ウインク？　スキップ？

かをり　近いといえば近い。私が苦手そうなこと。

拓哉　そんなのいっぱいあるじゃん（笑）。時候の挨拶を正しく使う？

かをり　違うよ（笑）。かわいいことだよ？

拓哉　ケーキ作り？

かをり　かわいい〜（笑）。でも、違います。

拓哉　かをりが苦手なこと……片づけ？

かをり　たしかにそうかもだけど、違います。オウムとかチンパンジーもその行動ができる。

拓哉　声真似？　歌を歌う？

かをり　音楽を聞いて、どうするか？　だよ。

拓哉　ラップバトルか？

かをり　めっちゃ見たいけど（笑）。正解は「音楽に合わせて体を動かす」。ネズミって、ヘドバンみたいな動きができるんだよね。脳もそのリズムに同期して動いていたんだって。

拓哉　へえ〜。

かをり　音楽は種を超えて、脳に強く作用するということだね。モーツァルト、レディ・ガガ、クイーンを聞かせたらしいんだけど、ヒトがノリやすいリズムに、ネズミもノリやすかったらしいよ。

河村拓哉出題

Q 95

ニュースクイズ

2019年、史上初めて1月1日に台風1号が発生し、パブークと名付けられました。このパブーク、1月5日の午前0時に台風ではなくなっています。勢力が弱くなったわけではありませんでしたが、これはなぜでしょう？

「台風」は英語で「typhoon（タイフーン）」。

A 東経100度を越え、サイクロンになった

拓哉　熱帯低気圧になって終わったわけじゃないよ。

かをり　サイクロンと台風の違いってあるじゃん。あれって発生地域で呼び名が変わるんだっけ？

拓哉　……正解は、東経100度を越え、サイクロンになったから、でした。

かをり　うわ～。発生地じゃなくて、そのときいる地域で、台風になったりサイクロンになったりするのか。

拓哉　台風がアメリカのほうに移って、ハリケーンになったやつも、稀にいる。

かをり　そもそも元日に台風がくるなんて珍しいね。

拓哉　元日の台風はこのときが初観測だったらしい。「台風がきたらコロッケを食べよう」（2001年8月21日に、2ちゃんねるに書き込まれた言葉から発生したムーブメント）が誕生したときの台風の名前も「パブーク」だったんだよ。

かをり　あ、同じ名前を使い回してもいいんだ。

拓哉　台風のアジア名は、2000年から14カ国が加盟する台風委員会という組織ができて、それぞれの国が10個ずつ名前を考えて、140個の名前を一覧表にして、台風が発生するたびに、表の上から順番にローテーションで命名することになったんだよ。ただし、大きな被害が出た台風の名前は、リストから外される。日本は「コイヌ」とか「コグマ」とか星座の名前から付けたんだよね。「パブーク」はラオスが命名国で、淡水魚の名前だよ。

かをり　女性の名前を付けるパターンもなかった？

拓哉　ハリケーンは、一時期女性の名前をつけていたんだけど、今はアルファベット順に女性の名前、男性の名前を交互に付けるようになっているんだよ。

かをり　時代だねえ。

篠原かをり出題

Q 96

2022年5月に
アイスランド政府観光局が開始した
休暇中のメール返信代行サービスは、
誰が代わりに返信してくれる
というものでしょう？

「仕事を忘れてアイスランド観光を楽しんでね」という思いから始めたサービスだよ。問題文に「誰が」と書いたけど、「何が」のほうがいいのかな……と、正直悩んだ～。

A ウマ

拓哉 休暇でアイスランドに遊びに行っている間に届いた仕事のメールを、何者かが代わりに返信してくれるってことね。何かあったとき、AIに代行させていたら揉め事が拡大する可能性があるから、「まあ、しょうがない」と思えるくらいの動物だと思うんだよな。

かをり かしこいね。その考え方で合ってる。

拓哉 小魚？ 猫？

かをり 日本だったら猫にした気がする。でもアイスランドの観光局だから、景色も入れつつ、国のPRになる感じの動物にしたいわけよ。

拓哉 トナカイ？ ヘラジカ？

かをり だいぶ近い。サイズ感的にはその路線。でももっとアイスランド感が少ない動物。

拓哉 ウシ……、ウマ！

かをり 正解。大きいキーボードを置いて、その上をウマが歩いて文字を打つという。だから文章はちゃんとしてない。これ申し込める？

拓哉 事前に相手に説明なしで？ いや、メールは厳しいかな。ツイッターならウマに任せてもいい。

かをり え～！ 「サルがキーボードをランダムにいつまでも叩き続ければ、シェイクスピアの作品を打ち出す」みたいなやつ、あるじゃん。

拓哉 「無限の猿定理」ね。

かをり そう！ その感じで、奇跡的にウマに最悪のツイートを書かれてしまったらどうする？

拓哉 3、4文字くらいの最悪な言葉もあるからねえ(笑)。そもそも休暇中は返信しなくていいのでは？

かをり たしかに。でも、人気サービスみたいで、申し込みが殺到したらしいよ。

拓哉 へえ～。

河村拓哉出題

Q 97

ノーベル賞のパロディー、イグノーベル賞の賞金は10兆ジンバブエドルです。コロナ禍で授賞式がオンライン開催になったとき、この賞金はある意外な方法で受賞者に届けられましたが、どんな手段だったでしょう？

ニュースクイズ

主催者側の「オンライン開催なのに、
わざわざ届けたくはない」
という気持ちを理解して、
ジンバブエドルについての
知識があれば、解けるはず！

A

PDF

かをり 原料はジンバブエドルを使用している？

拓哉 原料的には違うかな〜。

かをり イグノーベル賞は、価値がなくてバカバカしいことが重要視されるものだから……、写真が送られてくる。

拓哉 極めて近い。正解は、PDF。

かをり え、PDFにしていいの？

拓哉 ジンバブエドルは、法定通貨じゃないんだよ。

かをり えっ、そうなんだ。

拓哉 ものすごくインフレしちゃったんで、2009年頃から流通が止まって、主に米ドルで国を動かすようになって、2014年には日本円もジンバブエの法定通貨として使えるようになったんだよね。今はRTGSドルっていう新しい通貨を使っている。

かをり だから、スキャンしてPDFにしても許されるんだ。さすがにそれはダメだろうなと思ったけど。

拓哉 アマゾンで売ってるけど、自分でジンバブエドル買うのはちょっと嫌だよね。10兆ジンバブエドル、欲しいね。

かをり わかる。月の土地を買うみたいな嫌さがある。ハンガリーでは、10垓(がい)ペンゲー札が刷られたことがあるらしいね。発行はされなかったけど。でも1垓ペンゲー紙幣は流通したんだって。10垓になると、おもちゃの子ども銀行のお札より0の数が多そうじゃない？

拓哉 この頃「垓」って単位を使わないよね。「無量大数」とかのほうが、まだ使う。

かをり わかる。「不可思議」のほうが使う。数の単位、全部言える？

拓哉 言えない。覚えるたびに忘れちゃう。

かをり 使うことがないからね。

篠原かをり出題

Q 98

2021年9月に長距離の旅をすることで知られる蝶オオカバマダラの衝撃的な生態の発見が発表されました。オオカバマダラのオスはメスを惹きつけるためにあるものを食べるというものです。それは何でしょう?

ニュースクイズ

蝶の口だから、「食べる」より
「吸う」って感じかな。
長距離の旅をするという部分は、単なる
オオカバマダラの説明的に付けただけの
情報で、答えには関係ありません。

A 同種の幼虫

拓哉　ウシの血？

かをり　たしかに動物の血を吸う虫はいるけど、違います。もっと蝶に吸ってほしくないものです。

拓哉　吸ってたら嫌なイメージのもの？　スッポン？

かをり　めっちゃ元気出そうだけど（笑）。

拓哉　ウンチ？

かをり　それは蝶には人気コンテンツだよ。栄養価も優れているし。人間に置き換えたら明確にタブーって感じのもの。

拓哉　墓石？

かをり　それはタブーというより事件だよ（笑）。正解は、同じ種類の幼虫の体液を吸う。

拓哉　生きたまま？

かをり　そう。栄養補給だけじゃなくて、幼虫は、メスを惹きつけるのに有効なフェロモンを作り出せる化学物質を持っているから、それも補給できるんだよね。たまたま幼虫を吸っちゃったら、フェロモンが作れるいい化学物質が出てきたから、吸い続けているみたい。

拓哉　なるほど。確かに嫌なイメージだね。

かをり　同種殺しを一番している生き物はミーアキャットなんだよね。ミーアキャットは、集団で暮らしているんだけど、自分の子と群れの子は価値が違うみたいで、よその子をめっちゃ殺す。ミーアキャットの死因の約20%は「仲間に殺される」なんだって。一番同種を殺す生き物って人間かなって思いがちじゃない？　でも人間はたった2%で、トップ30にも入ってない。

拓哉　子殺しに限らず、普通の殺人事件も含めて？

かをり　そう。同種を殺す率の2位はアカオザル、3位がアオザル。ある程度「社会」があるからこそ起きやすいんだろうね。

河村拓哉出題

Q 99

お笑いコンビ、藤崎マーケットのトキさんは2017年、はんにゃ.の金田哲（さとし）さんは2014年に、それぞれの相方から重大な報告をふたつ同時に受けています。共通するふたつの報告とは、結婚と何でしょう？

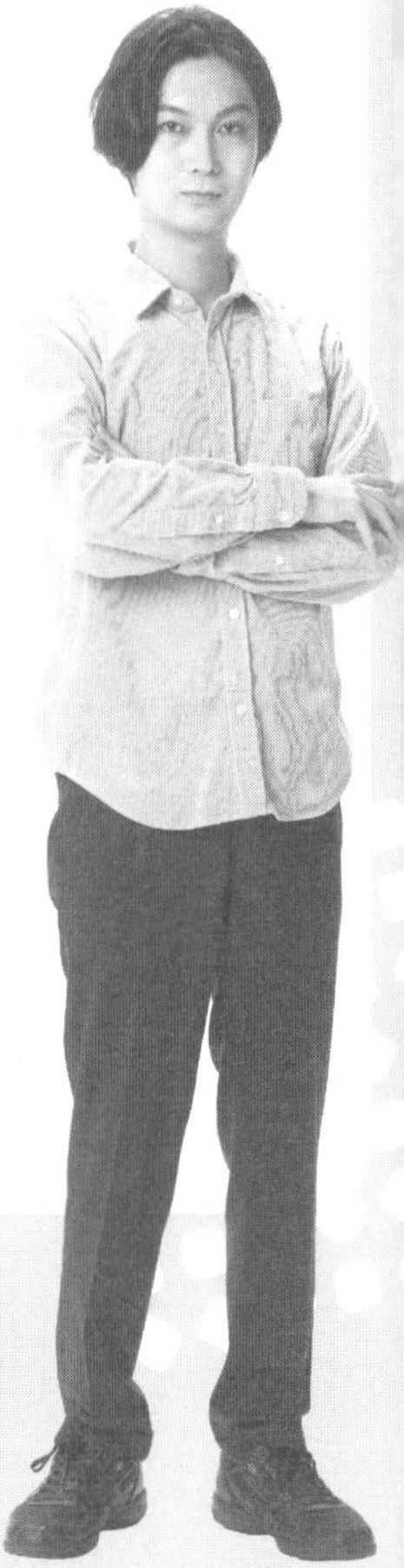

ニュースクイズ

藤崎マーケットの田崎佑一さんが
36歳のとき、
はんにゃ.の川島章良（あきよし）さんが
32歳のときの出来事です。

A

腎臓がんの告知

かをり 解散？

拓哉 違います。それぞれの相方が、結婚と同時に何かをやっている。

かをり 闘病？

拓哉 そうそう。もっと絞れるよ。

かをり がん告知。

拓哉 そう、正解は、腎臓がん。

かをり おお……。健診に行かないとだね。

拓哉 初期に見つかったので、ふたりとも治って、ほんとうによかった。

かをり めでたくなさそうなことだろうな、とは思って。最初は、結婚と同時に二股が発覚したのかと思ったんだけど（笑）。拓も結婚と同時に何か発表したらよかったね。「漢検準1級取りました」とか。

拓哉 それは発表するには弱いよ。

かをり 『ピラメキーノ』が流行っていた頃、学校で、はんにゃ.ファンの友達多かったな。

拓哉 テレビをあまり見ないから、お笑いには詳しくないんだよね。

かをり 空気階段とレインボーは見てる。コントでやる女装がかわいいから。拓が空気階段の水川かたまりさんに似てるってたまに言われることがあって……。

拓哉 『ネプリーグ』で一緒になったけど、周りに似てるって言われなかったけどね。

かをり それで一緒に空気階段を見るようになったら、なぜか相方の鈴木もぐらさんのほうのモノマネができるようになってたよね。

拓哉 街の変わり者おじさんを演じる鈴木もぐらさんができるようになった。

かをり しかも、わりと似てる（笑）。

篠原かをり出題

Q 100

ニュースクイズ

ガラスのような見た目から海外では「妖精のランプ」と呼ばれている植物の仲間で、既に絶滅したと考えられていたが、2023年3月に命名した植物学者によって再発見が報告された植物は何でしょう？

最初は1992年に植物学者の末次健司先生によって発見され、新種記載したんだけど、それ以降一度も見つからないまま、発見場所が再開発で産業団地になっちゃって、絶滅したと思われていたんだよね。

A

コウベタヌキノショクダイ

かをり　命名者の末次先生は、最初に新種記載したときは講師だったんだけど、今は教授になっていて、その研究室の学生が山を歩いていたときに偶然再発見したんだよね。そこが激アツポイント。

拓哉　ニュースで見たのは覚えてる。カタカナ12文字くらいだった。

かをり　そうそう。

拓哉　覚えなくていいとすら思ったんだよな。

かをり　答えは、コウベタヌキノショクダイ。コウベは神戸で見つかったから。光合成をせずに土の中の菌から栄養をとるのが特徴で、ガラスっぽい透けた見た目なんだよね。単なるタヌキノショクダイは、ブラジルと日本にのみ自生しているんだって。

拓哉　地球の真逆だ。面白いね。

かをり　ブラジルには日本人の移民が多いからかな。タヌキノカミソリや、キツネノカミソリって名前の植物もあるよ。サボテンにも面白い名前のものが多いよね。「キソウテンガイ（奇想天外）」とか。

拓哉　マダガスカルに生えている「アアソウカイ（亜阿相界）」とかね。

かをり　「金のなる木」をおばあちゃんがもらって、5円玉を吊るして飾ってた（笑）。山形県には「もってのほか」という愛称の食用菊があるね。

拓哉　菊は天皇家の家紋だから、それを食べるなんて「もってのほか」ってことだよ。あと、野生の梅のことを「野梅（やばい）」って呼ぶよね。

かをり　ヤバい（笑）。植物の貴重な絶滅危惧種は、生えている位置がバレてしまったら、根こそぎ盗まれてしまう可能性があるんだよね。

拓哉　植物は逃げることができないからね。

河村拓哉

1993年生まれ。東大発知識集団 QuizKnock の立ち上げから関わるメンバー。東京大学理学部卒業。東大クイズ研 OB。Web メディア「QuizKnock」の初期から記事の執筆・編集なども行っている。日本テレビ『頭脳王』では問題作家、QuizKnock 主催のクイズ大会「WHAT」では大会長を担当。日本漢字能力検定の準1級で高得点合格、成績優秀者として、協会賞（個人の部）を受賞。YouTube チャンネル「QuizKnock」の登録者数は200万人を突破。

篠原かをり

1995年生まれ。動物作家。昆虫研究家（専門：昆虫産業）。慶應義塾大学 SFC 研究所上席所員。日本大学大学院芸術学研究科博士後期課程在籍中。著書に『LIFE—人間が知らない生き方』（文響社・麻生羽呂共著）、『フムフム、がってん！いきものビックリ仰天クイズ』『よし、わかった！ いきものミステリークイズ』（共に、文藝春秋・田中チズコ共著）、『ネズミのおしえ』（徳間書店）などがある。TBS テレビ『日立 世界ふしぎ発見！』のミステリーハンター、日本テレビ『嗚呼!! みんなの動物園』の動物調査員など、テレビやラジオでも活動。コラム連載や講演会も積極的に取り組んでいる。

雑学×雑談　勝負クイズ100

2023年7月10日 第1刷発行

著　者　河村拓哉　篠原かをり
発行者　鳥山 靖
発行所　株式会社 文藝春秋
〒102-8008
東京都千代田区紀尾井町3-23
電話 03-3265-1211
印刷・製本　光邦

ISBN 978-4-16-391723-8
Printed in Japan